Land der weißen Wolke

Land der weißen Wolke

Kiri te Kanawa

Maori Mythen und Legenden

Bilder von
Michael Foreman

nymphenburger

Aus dem Englischen von Eva Dempewolf

© für den Text by Kiri Te Kanawa
© für die Illustration by Michael Foreman

Titel der englischen Originalausgabe:
Kiri Te Kanawa, Land of the Long White Cloud.
Maori Myths, Tales and Legends.
Pavilion Books Limited, London 1989

© 1990 für die deutschsprachige Ausgabe by nymphenburger
in der F. A. Herbig Verlagsbuchhandlung GmbH, München
Alle Rechte, auch der photomechanischen Vervielfältigung
und des auszugsweisen Abdrucks vorbehalten
Lektorat und Herstellung: VerlagsService
Dr. Helmut Neuberger & Karl Schaumann GmbH, Heimstetten
Satz: Hans Numberger, München
ISBN: 3-485-00624-6
Printed in Singapore

Inhalt

Vorwort 7

Mauis Geburt 11

Maui und der Große Fisch 17

Maui zähmt die Sonne 23

Kupe entdeckt Aotearoa 27

Hinemoa und Tutanekai 35

Kahukura und die Feen 45

Der Sprechende Taniwha von Rotorua 51

Te Kanawa und die Besucher des Feuerlichts 61

Mataora und Niwareka in der Unterwelt 67

Legenden über Seen, Flüsse und Bäume 81

Der verzauberte Jagdgrund 82

Die Bäume des Waldes 83

Der See Te Anau 85

Hotu-Puku 87

Putawai 91

Rona und die Sage vom Mond 101

Hutu und Pare 105

Drei kleine Vogel-Erzählungen 111

Der Bodenpapagei und der Albatros 113

Kakariki und Kaka 115

Maui und die Vögel 117

Glossar 119

*Meinen Eltern Tom und Nell Te Kanawa
in dankbarer Erinnerung gewidmet*

Vorwort

Ich habe das große Glück, in Neuseeland, dem herrlich schönen Land der langen weißen Wolke geboren zu sein. Mein Vater war Maori, aber meine Mutter war eine Pakeha, eine Weiße.

Neuseeland ist ein wunderbares Land, um dort aufzuwachsen, und inmitten der vielen Maori-Freunde und Verwandten hatte ich eine ausgesprochen glückliche Kindheit. Besonders gerne erinnere ich mich an die mystisch-magischen Gutenachtgeschichten meiner Mutter, die dafür ein besonderes Talent besaß, und an jene Erzählungen meiner zahlreichen Cousins, Tanten und Onkel, denen ich zusammen mit anderen Kindern mit vor Erstaunen weit aufgerissenen Augen lauschte. Sie berichteten davon, wie viele der Orte, an denen wir täglich spielten, ihre speziellen Namen erhalten hatten.

Neuseeland ist ein grünes, fruchtbares Land voller Felder, Seen und Bäche, und man muß es wirklich mit eigenen Augen gesehen haben. Natürlich spielten meine Freunde und ich meistens im Freien. Einer meiner Lieblingsplätze war der Taupo-See, wohin mein Vater mich zum Fischen und Segeln mitnahm. Vielleicht liebe ich die vielen Maori-Geschichten vom Fischen und Bootfahren deshalb so sehr, weil sie mich an diese herrlichen Ausflüge erinnern. Die Stunden, die ich dort mit meinem Vater verbrachte, wenn wir draußen am Seeufer übernachteten, um gleich frühmorgens die ersten Forellen fangen zu können, waren etwas ganz Besonderes.

Heute führt mich mein Beruf durch die ganze Welt, und leider kann ich schon lange nicht mehr in meiner alten Heimat wohnen. Aber immer wenn ich die Möglichkeit dazu habe, kehre ich nach Neuseeland zurück.

Ende 1987 fand ein riesiges Familientreffen aller Te Kanawas in Te Kuiti statt. Dort ist mein Vater aufgewachsen, und unser Versammlungsort, der Marae der Te Kanawas, liegt auf einem Hügel vor der Stadt.

Die wundervollen Feierlichkeiten mit Festessen, Tanz und Gesang dauerten drei Tage. Über zweihundert Angehörige meiner Familie waren gekommen, und die meisten übernachteten in Schlafsäcken auf dem blanken

Fußboden des Hauses. Keiner, der dabei war, wird diese Zusammenkunft der Te Kanawa-Sippe je vergessen.

Auf mich hatte dieses Treffen eine besonders nostalgische Wirkung: Die familiäre Stimmung, der Austausch von Neuigkeiten und das Wiedersehen mit vielen lieben Freunden riefen lebhafte Erinnerungen an meine Kindheit wach, und alte Familiengeschichten kamen mir wieder in den Sinn. Plötzlich fühlte ich das dringende Bedürfnis, einen Stift zur Hand zu nehmen, um ein paar dieser Geschichten, die in meinem Leben eine so große Rolle gespielt haben, aufzuzeichnen und weiterzugeben.

Durch einen glücklichen Zufall hielt sich der Illustrator Michael Foreman zur gleichen Zeit in Neuseeland auf und nahm auch an einigen Feierlichkeiten teil. Im Rahmen meiner Familie lernte er die Maori-Gastfreundlichkeit kennen und genoß so eine ganz besondere Einführung in die Kultur und die Mythologie der Maori. Ich bin sehr froh, daß er dort war und somit einen Teil der Atmosphäre dieses Festes in seinen einzigartigen Illustrationen einfangen und festhalten konnte.

Die Geschichten dieses Buches beruhen einzig auf meinen Erinnerungen an jene Märchen, die ich als Kind besonders liebte. Wie alle guten, lebendigen Geschichten haben sie sich im Zuge des Erzählens wahrscheinlich verändert, und ich bin sicher, daß genausoviele verschiedene Versionen dieser Märchen existieren, wie es Märchenerzähler gibt. Um mein Erinnerungsvermögen aufzufrischen, habe ich einige Nachforschungen angestellt, aber keinen Versuch unternommen, die Märchen „authentisch" zu machen. Mein Ziel war lediglich, sie so wiederzugeben, wie ich sie in Erinnerung habe, und auf diese Art und Weise einen Teil meiner wunderbaren Kindheit zu übermitteln.

Ich hoffe, daß sie Euch Einblick in die einzigartige Maori-Kultur gewähren, die meine Kindheit so reich gemacht hat, und daß Ihr eines Tages die Gelegenheit habt, einen oder mehrere derjenigen Orte zu besuchen, die in den folgenden Geschichten erwähnt sind: Taupo, Te Kuiti oder Rotorua – aber nehmt Euch vor dem sprechenden Taniwha in acht!

Kiri Te Kanawa

Mauis Geburt

Dies ist die Geschichte über die Geburt von Maui, der später zu einem Unruhe stiftenden Schlingel und Schwindler heranwuchs. Maui war der fünfte und jüngste Sohn von Taranga und wurde Maui-tikitiki-a-Taranga (Maui-geboren-im-Dutt-der-Taranga) genannt. Dieses Märchen erklärt, wie er zu dem Namen kam.

Weit draußen auf dem großen, großen Ozean, wo nur der Himmel die Ufer bildet und weit und breit kein Land in Sicht ist, dort schwamm ein kleines Büschel Seegras und hob und senkte sich mit den Wogen. Seevögel kreisten darüber, und ihre einsamen Schreie hallten über dem Wasser wider. Die Sonne brannte herab, ein leiser Lufthauch kräuselte die Wasseroberfläche, und die Strömung trieb das Seegras immer weiter.

Schließlich kam das Grasbüschel in die Nähe eines größeren Landstückes, und hier lieferte das Meer es an einem Sandstrand unbeschadet ab. Unterwegs hatten sich Quallen in dem Seegras verheddert, und es dauerte nicht lange, bis sich eine dunkle Wolke aus dicken Fliegen darauf niederließ, während die Vögel auch weiterhin in einiger Entfernung darüber ihre Kreise drehten. Über den kargen Strand blies ein kalter Wind.

Ein glückliches Schicksal wollte es jedoch, daß gerade dieses Strandstück in Sichtweite eines Hauses lag, das hoch auf den Klippen thronte und Tama, einem mächtigen Meeresgott gehörte. Tama konnte also sehen, daß ein Haufen Seegras und Quallen an Land gespült wurde und daß die Seevögel darüber kreisten, schenkte dem Ganzen zunächst aber keine weitere Aufmerksamkeit.

Etwas später glaubte er jedoch, das Weinen eines Babys gehört zu haben, und er beschloß hinunter zum Wasser zu gehen, um sich dort umzusehen. Er

kletterte den steilen Pfad zur Küste hinab, konnte aber nichts erkennen als einen Haufen Seegras und die Vögel. Das Wimmern schien von dem Seegras herzurühren, und folglich lenkte er seine Schritte in diese Richtung. Dann beugte er sich hinunter, entfernte die Quallen, und da, mitten in einem Kranz aus Menschenhaar, lag ein winziger Knabe.

Rasch nahm Tama das kalte Bündel in den Arm und eilte den Pfad zurück zu seinem Haus. Dort badete er das Baby, um das Salzwasser zu entfernen, wickelte es in eine Federdecke und hing es in die Sparren über das wärmende Feuer. Nun erkannte Tama, daß das winzige Baby der Halbgott Maui war, und er war sehr froh, dessen Leben gerettet zu haben. Während Maui schlief, suchte Tama nach Möglichkeiten, Nahrungsmittel so zu zerkleinern und einzuweichen, daß Maui sie essen konnte. Allmählich gewann Maui an Größe, und Tama wurde sich bewußt, daß er die Gesellschaft eines anderen menschlichen Wesens sehr genoß, auch wenn die Sorge für das Baby bedeutete, daß ihm weder Zeit noch Muße dafür blieb, einfach dazusitzen und über das Meer zu blicken, wie er es früher so gerne getan hatte.

Tama liebte den kleinen Jungen. Als Maui laufen und sprechen konnte, rannte er viel nach draußen um den wunderbar klaren Himmel und die Sonne anzusehen, und dann kamen die Vögel zu ihm herabgeflogen, und sie schienen zu verstehen, was er zu ihnen sagte. Als er älter war, kannte Maui die Namen und Gewohnheiten aller Vögel des Meeres und des Waldes, und er nannte sie seine ewigen Freunde.

„Sei vorsichtig" warnte ihn Tama, „denn sie werden nicht immer deine Freunde sein."

Manchmal schien Tama in Rätseln wie diesem zu sprechen. Aber er lehrte Maui auch, wie die Fische lebten und sich miteinander verständigten, und erklärte ihm, wie andere Menschen lebten – wie sie Kumaras im Garten anbauten, um ihren Stamm zu ernähren, wie sie Vögel und Fische jagten, und wie sie in ihren Versammlungshäusern tanzten und sangen.

Tama spielte auch mit Maui und erzählte ihm spannende Geschichten von Überfällen und Schlachten. Und wenn der Tag vorüber war und sie im Schein des Feuers in Tamas Haus saßen, dann pflegte Tama Maui gewisse Zauberkunststückchen beizubringen, Tricks, die Maui später zum größten Erstaunen seiner Brüder vorführen würde.

Als Maui fast erwachsen war, wurde Tama traurig. Er wußte, daß Maui ihn bald verlassen und sein eigenes Volk würde suchen müssen. Aber Maui sagte: „Wir werden immer Freunde bleiben, Tama. Du bist wie ein Vater für mich."

Und Tama war stolz auf ihn und sagte: „Maui, du bist ein großartiger Schüler gewesen. Ich werde dich immer lieben."

Ein weiterer Winter ging vorüber, und eines Tages rief Tama Maui zu sich und sagte: „Ich muß dich jetzt fortschicken. Ich bin für dich Vater und Mutter gewesen, aber jetzt fühle ich, daß meine Gebeine alt sind und daß ich mich bald aufmachen muß, um meine alten Freunde in der Unterwelt zu besuchen."

Maui verabschiedete sich also lange und ausführlich von Tama und dankte ihm dafür, daß er ihm die Eltern ersetzt hatte. Dann packte er seine Kleider und Essen für mehrere Tage ein und machte sich auf den Weg.

Er ging viele Meilen weit durch Wälder, umrundete Seen und erklomm Berge. Er kam an vielen Dörfern vorbei und sah viele verschiedene Menschen. Aber er setzte seinen Weg fort, bis er schließlich ein bestimmtes Dorf erreichte. Dort zögerte er nicht, sondern betrat das erste Haus, das er sah. Sobald er im Inneren war, überkam ihn ein starkes Gefühl der Zugehörigkeit. Er wußte, daß er seine Familie gefunden hatte.

Maui sah vier hochgewachsene junge Männer und eine schöne Frau, die zu den Männern sprach.

„Jetzt, meine jungen Söhne", sagte sie, „sollt ihr mit mir kommen. Wir werden heute abend alle im Versammlungshaus tanzen, und ich will sicher sein, daß ihr fertig seid."

Während der größte nach vorn trat, schlich sich Maui hinter den letzten.

„Ich bin hier, Mutter."

„Ah, da bist du, Maui-mua, Maui-der-erste", sagte sie, und während die anderen nachrückten, zählte sie sie: „Maui-roto, Maui-der-mittlere, das macht zwei. Maui-taha, Maui-die-Seite, das sind drei. Und Maui-pae, Maui-die-Kante, das macht vier. Jetzt sind wir alle fertig."

Da aber trat Maui aus dem Schatten und sagte: „Ich bin auch Maui."

Durch den Anblick dieses Fremden verwirrt, starrte die Mutter ihn an, antwortete dann aber: „Nein, ich habe meine vier Söhne. Ich habe sie gezählt."

Maui aber bestand darauf, daß auch er Maui sei, und die Mutter trat schließlich mit einem Licht dicht an ihn heran und sagte:

„Laß mich dich anschauen. Ich habe dich nie zuvor gesehen. Du bist ein Fremder. Wer bist du wirklich?"

Und da sagte er:

„Ich bin Maui, Klein-Maui, und ich bin kein Fremder, ich bin dein Sohn."

„Aber ich habe keine weiteren Söhne", antwortete sie.

„Bist du sicher?" fragte Maui.

Die Mutter verharrte eine Zeitlang in Schweigen und sagte dann zögernd:

„Nun ja ... da war ein kleines Baby ... aber es starb ... und ich habe es in mein Haar gewickelt, und der Wind trug es fort..." Sie hielt inne und fragte Maui fast flüsternd: „Weißt du denn, wie ich heiße?"

„Dein Name ist Taranga."

Ihre Augen wurden groß vor Überraschung und füllten sich mit Tränen. Dann machte sie einen Schritt vorwärts und umarmte ihn mit den Worten:

„Ja, du bist Maui, mein kleiner Maui. Ich werde dich Maui-tikitiki-a-Taranga nennen, Maui-geboren-im-Dutt-der-Taranga."

Und so kam es, daß Maui von nun an mit seiner Mutter und seinen vier Brüdern lebte und daß seine Mutter sich über die Rückkehr ihres letztgeborenen Sohnes freuen konnte.

Maui und der Große Fisch

Diese Geschichte erzählt, wie Maui den Großen Fisch Neuseeland fing. Als kleines Kind war ich überzeugt, auch Maui sei noch sehr jung gewesen, und ich war tief beeindruckt, daß ein so kleiner Junge einen so großen Fisch fangen konnte.

Wenn ich nun meine Landkarte von Neuseeland betrachte, dann sehe ich, daß die Südinsel tatsächlich die Form eines Fisches hat. Ich glaubte jedoch lange Zeit, sie habe die Form eines Haies, denn als ich die Geschichte zum erstenmal hörte, hatte ich Angst vor Haien, und ich glaubte daß nur ein Haifisch derart heftig gegen Mauis göttliche Kräfte ankämpfen könnte.

In der Maori-Sprache heißt die Nordinsel noch heute Te Ika A Maui, was soviel bedeutet wie „Mauis Angelhaken". In anderen Worten: Maui benutzte die Nordinsel als Angelhaken zum Fang der Südinsel, seines Großen Fisches.

Der Legende nach war Maui halb Mensch und halb Gott. Er kannte viele Zaubersprüche und besaß Zauberkräfte, von denen seine älteren Brüder keine Ahnung hatten oder zumindest so taten, als würden sie sie nicht kennen.

Eines Tages, als er seine Brüder darüber sprechen hörte, daß sie Fischen gehen wollten, beschloß Maui, sie zu begleiten. Bevor seine Brüder aufwachten, nahm er seinen ganz speziellen Angelhaken und ging zum Ufer hinunter, wo das Kanu lag. Sobald er hörte, daß die Brüder näher kamen, versteckte er sich rasch unter den Bodenplanken des Bootes.

Die Brüder lachten und freuten sich darüber, daß sie es fertiggebracht hatten, sich ohne Mauis Wissen davonzuschleichen. Sie freuten sich auf einen schönen Tag beim Fischen, ohne dabei von ihrem jüngsten Bruder gestört zu werden.

Sie stießen das Boot vom Ufer ab und lachten noch immer, als sie plötzlich ein seltsames Geräusch hörten.

„Was war das?" fragte einer von ihnen.

Sie glaubten, sie hätten jemanden sprechen hören, aber sie konnten niemanden sehen. Weit und breit war nichts als Wasser.

„Ach, es war sicher eine Möve oder der Schrei eines anderen Tieres", meinte ein anderer Bruder.

Dann aber hörten sie den Ton erneut. Es war Maui, der lachte und mit verstellter Stimme sagte: „Ich bin bei euch. Ihr habt mich nicht überlistet."

Den Brüdern wurde nun ganz unheimlich zumute. Es klang, als spreche jemand mit gedämpfter Stimme, doch war niemand zu sehen.

Sie paddelten weiter in tieferes Gewässer. Wieder ertönte die Stimme, und diesmal merkte einer der Brüder, daß das Geräusch von unten kam. Er hob ein paar Planken, und fand einen lauthals lachenden Maui, der herausplatzte: „Ich habe euch ausgetrickst! Ich habe euch ausgetrickst!"

Die Brüder waren sehr überrascht, Maui hier zu sehen. Sie beschlossen, sofort umzukehren. „Du fährst nicht mit uns", sagten sie. „Du bist viel zu klein, und unser Vater will nicht, daß du mitkommst."

Maui aber rief: „Dreht euch um! Schaut doch bloß, wie weit wir schon vom Land weg sind."

Er hatte seine Zauberkräfte eingesetzt, und das Ufer wirkte wesentlich weiter entfernt, als es in Wirklichkeit war. Die Brüder, die nicht merkten, daß es sich dabei um einen Trick handelte, gaben schließlich zögernd nach und willigten ein, Maui mitzunehmen.

Sie paddelten noch ein Stück und hielten dann an. In dem Moment aber, als sie den Anker auswerfen wollten, sagte Maui: „Nein. Bitte tut das nicht. Ich kenne einen viel besseren Platz ein Stück weiter draußen, wo es viele Fische gibt. Nur noch ein kleines Stückchen weiter, und eure Netze sind in der halben Zeit voll."

In der Aussicht auf einen großen Fang ließen sich die Brüder überreden und fuhren noch ein Stück weiter, bis Maui ihnen sagte, sie sollten nun anhalten und anfangen zu fischen. Sie warfen ihre Netze aus, und wirklich waren diese binnen weniger Minuten voll. Sie konnten ihr Glück gar nicht fassen.

Unter dem Gewicht der ganzen Beute lag ihr Boot nun tief im Wasser, und sie sagten Maui, daß sie nun zurückfahren wollten. Da aber erwiderte Maui: „Nein. Jetzt bin ich an der Reihe. Ich hatte noch gar keine Gelegenheit zum Fischen."

„Aber wir haben genügend", wandten die Brüder ein.

„Nein. Ich will jetzt selber fischen." Maui war nicht von seiner Absicht abzubringen und zog nun seinen besonderen Angelhaken hervor, der aus Knochen gemacht war. Dann bat er seine Brüder um einen Köder. Diese aber weigerten sich. Also rieb Maui seine Nase so lange, bis sie anfing zu bluten. Dann schmierte er sein eigenes Blut an den Haken und warf die Angelschnur über den Bootsrand.

Plötzlich begann das Boot heftig zu schaukeln, und Maui war ganz aufgeregt, da er sicher war, einen besonders großen Fisch an der Leine zu haben. Er zog und zog. Das ganze Meer toste, und Mauis Brüder waren vor Überraschung ganz still und wunderten sich nur noch über seine seltsame Stärke.

Maui zerrte und zog fast eine Ewigkeit lang, letztendlich aber kam der Fisch an die Oberfläche. Da sahen Maui und seine Brüder, daß er nicht einen Fisch, sondern ein Stück Land gefangen hatte, und daß sein Angelhaken sich am Eingang des Hauses von Tonganui, dem Sohn des Meeresgottes, verfangen hatten.

Mauis Brüder trauten ihren eigenen Augen nicht. Dieses wundervolle Stück Land aus dem Meer war eben und hell, es standen Häuser darauf, Lagerfeuer brannten und Vögel sangen. Sie hatten in ihrem ganzen Leben noch nichts ähnlich Wunderbares gesehen.

Als Maui erkannte, was er getan hatte, sagte er: „Ich muß mit den Göttern Frieden schließen, denn ich fürchte, sie sind sehr zornig auf mich. Bleibt hier und wartet in Ruhe, bis ich wiederkomme."

Sobald Maui weg war, vergaßen die Brüder jedoch seine Anweisungen und begannen, sich um den Besitz des Landes zu streiten.

„Ich will dieses Stück", sagte der eine.

„Nein! Ich habe es zuerst entdeckt. Es gehört mir!" schrie ein anderer.

Bald begannen die Brüder, mit ihren Waffen auf das Land einzuschlagen. Dies verärgerte die Götter noch mehr, und auf dem ehemals flachen Land blieben tiefe Kerben und Spalten zurück, die nicht mehr ausgebügelt werden konnten.

Noch heute erkennt man in den Bergen und Tälern Neuseelands die Schnitte und Druckstellen, die Mauis Brüder dem Land damals zugefügt haben.

Maui zähmt die Sonne

Maui hatte oft gehört, wie seine Brüder sich darüber unterhielten, daß die Tage nicht lang genug seien. Nacht für Nacht saßen sie um das Feuer und erörterten dieses Problem. Gleichgültig wie früh sie auch aufstanden, die Sonnenstunden reichten niemals aus, um alle Pflichten im Dorf zu erfüllen, jagen und fischen zu gehen. Maui dachte also darüber nach, ob er nicht etwas dagegen unternehmen könne.

Dann eröffnete er seinen Brüdern, daß er eine Lösung gefunden habe: „Ich glaube, ich kann die Sonne abrichten."

„Rede nicht solchen Unsinn, Maui!" erwiderten sie. „Niemand kann die Sonne abrichten oder zähmen. Wenn du nur in ihre Nähe kommst, brennst du schon. Die Sonne zähmen? Sie ist viel zu groß und viel zu mächtig."

Maui aber antwortete – und diesmal legte er beachtliche Autorität in seine Stimme: „Hört zu, ich *kann* die Sonne zähmen. Geht nur los und sagt allen Frauen des Stammes, daß sie soviel Flachs wie möglich schneiden sollen – ich brauche einen wirklich großen Haufen – dann werde ich euch zeigen, wie man ein Netz anfertigt, das stark genug ist, um die Sonne zu fangen. Ich werde schon dafür sorgen, daß sie in Zukunft nicht mehr so schnell über den Himmel zieht."

Die Brüder folgten seinen Anweisungen, und als sie eine Riesenmenge Flachs gesammelt hatten, erklärte Maui ihnen, wie sie es zu starken Seilen flechten konnten. Er fertigte lange Seile und kurze Seile und verband sie miteinander zu einem gigantischen Netz, das groß genug war, um die Sonne darin fangen und festhalten zu können.

Nun nahm er seine Zauberaxt und machte sich zusammen mit seinen Brüdern und einigen Männern des Stammes in Richtung Osten auf. Einige Tage später erreichten sie den Ruheplatz der Sonne und begannen mit ihren Vorbereitungen. Sie fanden die Höhle, aus der die Sonne am folgenden Morgen aufgehen würde, und machten sich sofort daran, den Eingang mit dem Netz aus geflochtenen Seilen abzudecken. Als sie mit ihrer Arbeit zufrieden waren, tarnten sie die Seile mit Ästen und Blättern. Außerdem errichteten sie Mauern aus Lehm und beschmierten sich selbst damit, um sich gegen die Hitze der Sonne zu schützen. Dann versteckten sie sich.

Maui kauerte sich an die eine Seite der Höhle, die anderen Männer blieben auf der anderen. Es dauerte nicht lange, bis sie die ersten Strahlen der Sonne sahen, und kurz darauf fühlten sie auch schon die sengende Glut.

Das Licht wurde immer heller und gleißender, die Hitze immer drückender, und die Männer zitterten vor Angst. Sie waren sicher, daß Mauis Plan

fehlschlagen würde. Da hörten sie plötzlich Maui rufen: „Zieht! Zieht an den Seilen so fest ihr könnt!"

Wie in einer riesigen Schlinge war die Sonne nun in dem Netz gefangen. Obwohl die Männer befürchteten, daß die Sonne sie alle töten würde, zogen sie mit aller Kraft, so daß die Sonne nicht entkommen konnte.

Die Sonne, die vor Wut über ihre Gefangenschaft kochte, kämpfte verbissen und schrie zornig. Maui aber wußte, daß es nicht genügen würde, die Sonne in dem Netz festzuhalten. Er rief einen seiner Brüder herbei und gab ihm sein Ende des Strickes in die Hand. Er rannte hinter seinem Schutzwall hervor und stürzte, die Axt zum Schlag erhoben, auf die Sonne zu, ohne zu beachten, daß die Hitze ihm Haut und Haar versengte.

Da brüllte die Sonne noch lauter: „Willst du mich umbringen?"

„Nein, ich will dir nichts tun", antwortete Maui, „aber du weißt nicht, worum es geht. Du ziehst viel zu schnell über den Himmel, und wir können in der kurzen Zeit unser Tagewerk nicht verrichten. Wir brauchen mehr Sonnenstunden zum Jagen und Fischen."

„In Ordnung", sagte die Sonne, „ihr habt mir derartig zugesetzt, daß ich jetzt wohl kaum über den Himmel eilen *könnte,* selbst wenn ich es wollte."

„Wenn wir dich freilassen", fragte Maui, „versprichst du dann, deine Reise in Zukunft langsamer zu machen?"

„Ihr habt mich so geschwächt, daß ich meine Bahn nur mehr langsam ziehen kann", antwortete die Sonne.

Maui ließ sie daraufhin feierlich schwören, seinen Forderungen nachzukommen, und lockerte dann die Seile. Dann beobachteten Mauis Brüder und die Männer des Stammes, wie sich die Sonne langsam und zunächst noch etwas steif in den Himmel erhob. Sie lächelten Maui an und waren außerordentlich stolz auf ihn. Seit jenem Tag zieht die Sonne sehr gemächlich ihre Bahn über den Himmel und schenkt uns viele Stunden Helligkeit.

Kupe entdeckt Aotearoa

Es ist bekannt, daß Maui die Inseln Neuseelands vom Meeresgrund heraufgeangelt hat. Weit weniger bekannt ist, daß Kupe, dessen Heimat Hawaiki war, sie viele Jahre später wiederentdeckte und Aotearoa nannte. Die folgende Geschichte berichtet von seinen Abenteuern.

Kupe lebte auf Hawaiki und war sehr verliebt in eine schöne junge Frau namens Kura-maro-tini. Das Problem war nur, daß sie bereits mit Kupes Cousin Hoturapa verheiratet war.

Der Vater von Kura-maro-tini war ein großer Schiffsbauer. Eines Tages ging er in den Wald und fand einen wunderbar geraden und hochgewachsenen Baum. Er fällte ihn, und im Fallen teilte sich der Stamm der Länge nach in zwei makellose Hälften. Kura-maro-tinis Vater beschloß, daraus zwei starke und schöne Kanus anzufertigen. Eines nannte er Aotea und schenkte es seiner Tochter Rongo-rongo, das andere taufte er auf den Namen Matahorua und gab es seiner zweiten Tochter Kura-maro-tini.

Ein paar Tage später ging Kupe mit seinem jungen Cousin Hoturapa zum Fischen. Als sie weit draußen auf dem Meer geankert hatten, verfing sich Kupes Leine. Er rief seinem Cousin zu: „Komm her! Komm her und hilf mir!"

Hoturapa folgte seiner Aufforderung und fragte: "Ja, was kann ich tun?"

„Ich möchte, daß du unter das Boot tauchst. Meine Leine hat sich verhakt, und ich möchte sie nicht verlieren – du weißt ja, mit wieviel Mühe ich sie hergestellt habe, und sie ist sehr wertvoll. Würdest du für mich hinuntertauchen und sie freimachen?"

Hoturapa, der kein besonders guter Taucher war, versuchte statt dessen an der Leine zu ziehen, aber Kupe hielt ihn auf:

„Nein, nein, gib dir keine Mühe", sagte er, „das habe ich schon versucht. Sie bewegt sich nicht. Geh schon, tauch einfach hinunter und mache sie los!"

Hoturapa wollte nicht ungefällig scheinen und sprang folglich ins Wasser. Sobald er unter der Oberfläche verschwunden war, schnitt Kupe das Ankertau durch, warf den Rest seiner angeblich so wertvollen Leine über Bord und paddelte wie ein Verrückter zurück zum Land.

Als Hoturapa wieder auftauchte, war das Kanu schon sehr weit weg und er völlig verlassen. So weit draußen im Meer standen die Überlebenschancen für den armen Hoturapa sehr schlecht, und es dauerte nicht lange, bis er, verraten von seinem eigenen Cousin, ertrank und für immer unterging.

Kupe war inzwischen wieder an Land und rannte sogleich zur Familie seines Cousins, um ihr von dem tragischen „Unfall" zu berichten.

In der Annahme, sein schmutziger Trick habe funktioniert, verlor er keine Zeit und machte die schöne Kura-maro-tini zu seiner Frau. Nach einigen Wochen jedoch wurden die Familien von Hoturapa und Kura-maro-tini argwöhnisch. Kupe fand, daß es an der Zeit sei, Hawaiki zu verlassen. In aller Eile richtete er Kuras Kanu für eine lange Reise aus und machte sich mit Kura, seiner eigenen Familie und Reti, der als Priester und Navigator fungieren sollte, auf den Weg. Sie schlugen die Richtung ein, die zu jenem Teil des Ozeans führte, der Te Tirititi o te Moana genannt wurde.

Nachdem sie viele, viele Tage lang gesegelt waren und nirgendwo Land erblickt hatten, wurden sie sehr müde und verzweifelt. Würden sie jemals wieder festen Boden betreten?

Eines Morgens aber, ganz früh, schrie Kupes Frau plötzlich: „Seht nur! Seht da! Land! Land! Da ist eine lange weiße Wolke, und unter der Wolke kann ich Land sehen!"

Sie fuhren näher heran, und es stellte sich heraus, daß die Insel die größte war, die sie jemals gesehen hatten und daß die wunderschöne weiße Wolke das ganze Eiland bedeckte. Sie nannten die Insel Aotearoa, Lange weiße Wolke, und für den Rest des Tages wurde auf dem Kanu lautstark gefeiert.

Kupe beschloß, die ganze Küste entlang zu fahren und alle Buchten und Winkel auszukundschaften. Als sie die Ostküste der Nordinsel entlangsegelten, trafen sie auf ein kleines Stück Land, das ins Meer hinaus ragte. In der Mitte konnte Kupe eine große Höhle sehen. Durch das näherkommende Kanu und dessen Besatzung feindlich blickender, tätowierter Männer erschreckt, schoß plötzlich ein riesiger Tintenfisch wie ein Blitz aus der Höhle und flüchtete über den Bug des Bootes hinweg.

Kupe nahm die Verfolgung auf und jagte den Kraken bis zur Meerenge zwischen der Nordinsel und der Südinsel. Auf diese Art und Weise entdeckte Kupe jene Passage, die heute als Cookstraße bekannt ist.

Kupe segelte durch die Meerenge hindurch, um auch das Land auf der anderen Seite zu erforschen. Dabei geriet das Boot in eine starke Strömung, und Kupes Familie flehte gerade die Götter an, ihnen Kraft zum Bestehen dieser gefährlichen Situation zu geben, als ganz plötzlich der Riesenkrake wieder auftauchte. Zornig streckte er seine Fangarme in die Höhe und schlug seine Saugnäpfe mit einem gewaltigen Hieb gegen Kupes Boot.

Die Besatzung war vor Angst wie gelähmt, aber Kupe sprang auf, ergriff sein Beil und schrie: „Wir müssen diesen Kraken besiegen! Wir müssen ihn schlagen! Wir sind zu weit gefahren und haben zu viel durchgemacht, um uns jetzt von dieser Kreatur umbringen zu lassen."

Nun griffen die Männer zu ihren Äxten oder bewaffneten sich mit Rudern, und es folgte eine blutige Seeschlacht. Kupe schlug einige Glieder der sich vor Schmerz krümmenden Bestie ab. Aber der Krake ließ noch immer nicht von dem Boot ab, sondern griff es mit unverminderter Wut weiter an. In seiner Raserei peitschte er das Wasser auf, bis es schäumte, und Kupe und seine Leute gerieten in große Gefahr, da ihr Boot zu kentern drohte. Wenn sie am Leben bleiben wollten, mußte sich Kupe also ganz rasch etwas einfallen lassen, um den Kraken zu überlisten.

Er ließ sein Beil fallen und griff nach einer der großen Kürbisflaschen, in denen das Trinkwasser aufbewahrt wurde. Diese schleuderte er ein Stück weit neben das Boot ins Wasser. In der Annahme, es handle sich um einen menschlichen Körper, lockerte der Riesenkrake seinen Griff um das Kanu und schwamm ein Stück auf die Kürbisflasche zu. Er wickelte seine Fangarme um die Flasche, und genau in diesem Augenblick erhob Kupe, der das Boot gewandt hinter das Untier manövriert hatte, sein Beil und spaltete mit einem einzigen Hieb den Schädel des Riesenkraken in zwei Stücke.

Kupe holte noch öfter mit seinem Beil aus und trennte einige Landstücke von der Nordinsel und der Südinsel ab. Noch heute könnt ihr die Inseln sehen, die Kupe mit gewaltiger Kraft von den Hauptinseln abschlug.

Eine Zeitlang ruhte Kupe sich im Hafen von Tara, Wellington, aus und benannte dort auch zwei kleine Inseln nach seinen Töchtern Matiu und Makoro. Eine dritte Tochter, Taiapua, tötete sich selbst, und Kupe war der Verzweiflung nahe. Um ihren Tod zu beklagen, ging er zu den Klippen von Tamure, ein Stück vor der Westspitze des Hafens. Dort schnitt er sich mit einem Stein in die Stirn – so verlieh man damals seiner Trauer Ausdruck –

und sein Blut tropfte auf die Steine und färbte sie rot. Noch heute kann jeder, der dort vorbeikommt, die Felsen an ihrer Farbe erkennen.

Nach diesen Erlebnissen fuhr Kupe die Westküste hinauf bis zum heutigen Patea und hinterließ als Zeichen seines Besuches einen hohen Pfosten. Hier hörte er auch das Schreien eines Kokakos und sah die kleine Tiwaiwaka zwischen den Bäumen herumflattern und ihre prächtigen schwarzweißen Schwanzfedern spreizen. Jetzt war es an der Zeit, in seine Heimat nach Hawaiki zurückzukehren.

Also unternahm Kupe die lange, mühevolle Rückfahrt und erzählte seinem Volk von dem Land der großen weißen Wolken. Als man ihn fragte, ob er dort Menschen angetroffen habe, antwortete er: „Ich sah den Kokako und die kleine Tiwaiwaka."

Ein glattes „Nein", so glaubte er, würde unhöflich klingen.

Dann fragten sie Kupe, ob er eines Tages nach Aotearea zurückkehren würde. Wieder vermied er das unverblümte „Nein"

„E hoki Kupe? Wird Kupe zurückkehren?" war seine Antwort.

Noch heute wird die Redewendung „E hoki Kupe" in der Maori-Sprache zuweilen als höfliche Form der Absage benutzt.

Hinemoa und Tutanekai

Wenn ich an den Rotorua-See in der Mitte der Nordinsel Neuseelands denke, dann sehe ich ihn bei Nacht. Als Kind pflegte ich sehr oft dorthin zu gehen und den silbernen Mond zu betrachten, der sich in der Wasseroberfläche spiegelte. Beim Anblick der Insel Mokoia, die fast genau in der Mitte des Sees liegt, habe ich immer Hinemoa vor Augen, die zu ihrem Tutanekai schwimmt. Hört nun ihre Geschichte.

Es war einmal ein sehr schöner Krieger namens Tutanekai, der zusammen mit seinen Stiefbrüdern auf seiner Heimatinsel Mokoia auf die Jagd und zum Fischen zu gehen pflegte. Von Zeit zu Zeit gab er sich Tagträumen über die Frau hin, die er einmal heiraten würde. Aber es würde nicht einfach sein, eine Braut zu bekommen: Seine Stiefbrüder waren ernstzunehmende Rivalen, und sie prahlten immer damit, daß sie die schönsten Frauen heiraten und die meisten Kinder haben würden. Auf dem Festland aber lebte eine sagenhafte Schönheit namens Hinemoa. Ihr Vater war ein sehr berühmter, aber barscher Krieger, der seine Tochter anbetete. Er würde niemals zulassen, daß jemand – wer auch immer – seine Hinemoa heiratete. Viele gutaussehende Häuptlinge waren zu ihm gekommen und hatten um ihre Hand angehalten, aber keiner war ihm gut genug für seine Tochter.

Nun versammelten sich die Stämme manchmal auf dem Festland, und bei dieser Gelegenheit kam es zu richtiggehenden Wettbewerben, wer Hinemoa das größte Stück Land oder das komfortabelste Haus bieten könne.

Eine Tages erblickten sich Hinemoa und Tutanekai bei einem dieser Treffen. Da Hinemoas Vater streng darauf achtete, daß seine Tochter vor den Annäherungsversuchen junger Männer beschützt wurde, hatten die beiden keine Gelegenheit miteinander zu sprechen. Aber sie hatten sich in die Augen gesehen, und das genügte: Es war Liebe auf den ersten Blick. Als alle

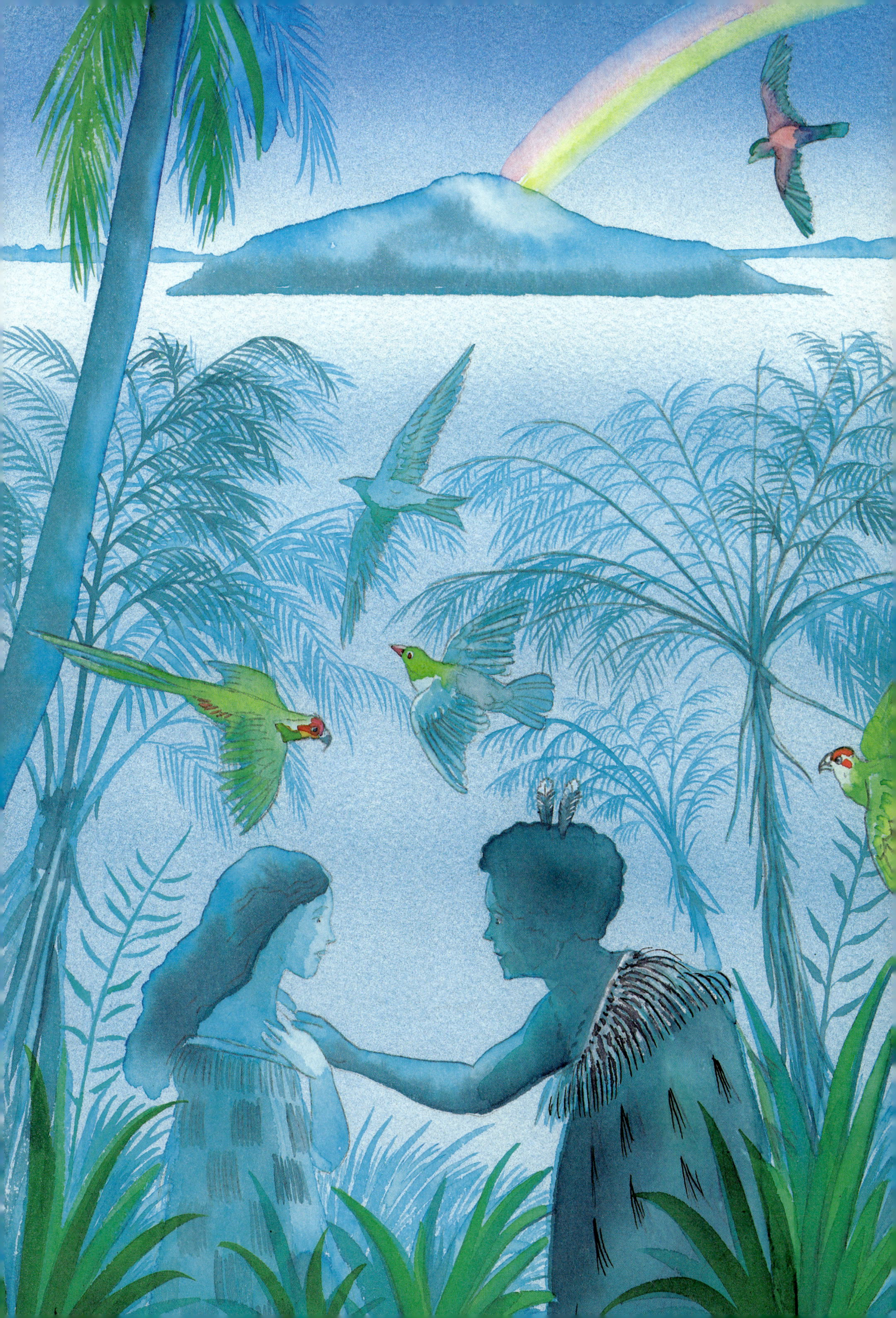

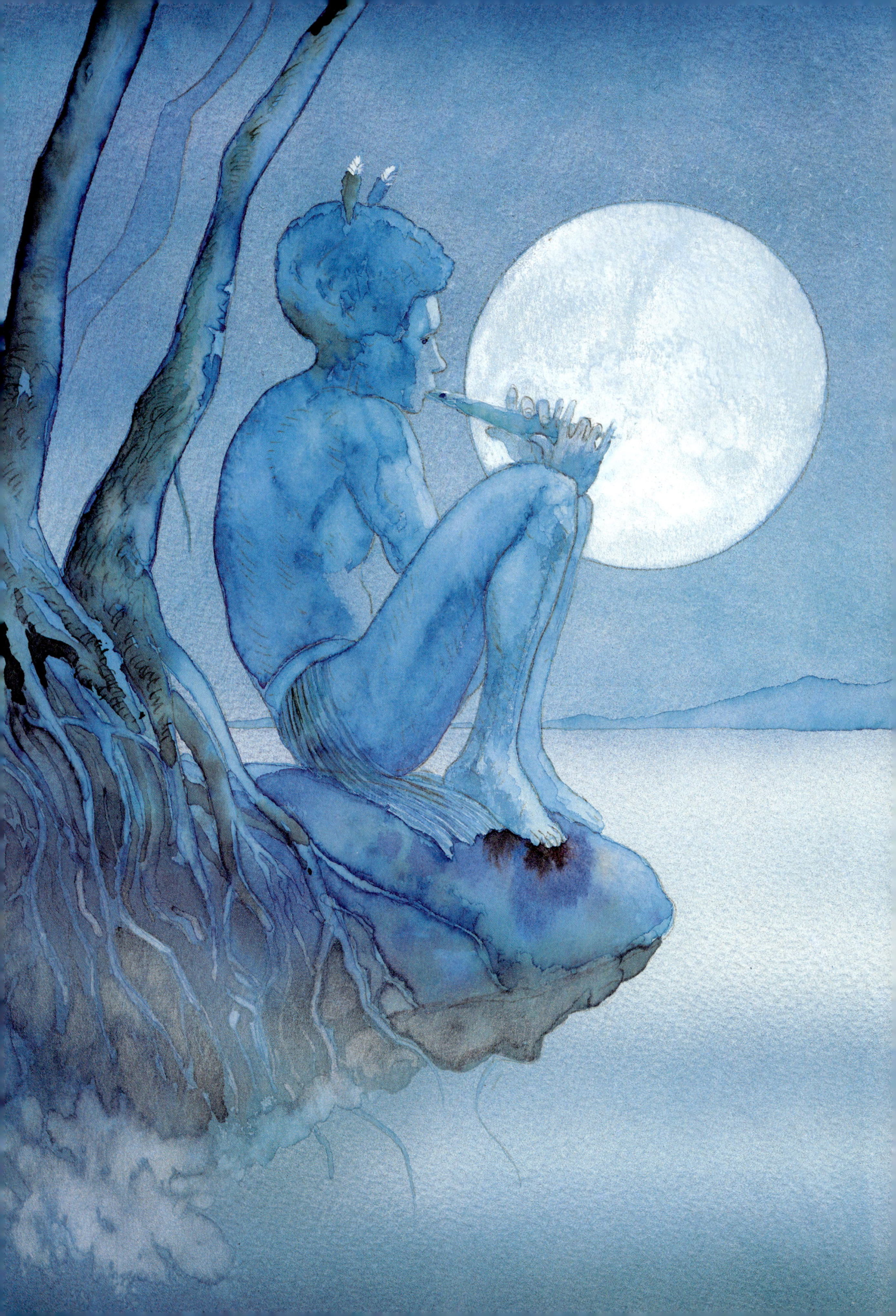

Stämme in ihre Heimat zurückgekehrt waren, begann Hinemoa, Nacht für Nacht an Tutanekai zu denken.

Tutanekai war eine Art Einzelgänger. Am glücklichsten war er, wenn er sich zurückziehen und auf seiner Flöte spielen konnte. Sobald er nach Hause zurückgekehrt war, fühlte er mit Bestimmtheit, daß Hinemoa die Frau seiner Träume war. Mit ihrem langen, gewellten Haar, dem runden, dunklen Gesicht und den schwarzen Augen war sie wirklich das schönste Mädchen der Welt.

Jede Nacht dachte Tutanekai an Hinemoa und verlieh seinen Gefühlen auf der Flöte Ausdruck. Alle Angehörigen ihres Stammes lauschten dieser Musik, Hinemoa aber gab sich ganz und gar den sehnsüchtigen und schwermütigen Klängen hin. Sie machten sie traurig, und wieder mußte sie an Tutanekai denken, der weit weg von ihr auf der Insel Mokoia war.

Die Zeit verging, und es fanden mehrere Stammestreffen statt. Je öfter Tutanekai zu diesen Versammlung kam und Hinemoa ihn sah, desto mehr verliebten sich die beiden ineinander.

Eines Tages konnten Hinemoa und Tutanekai endlich ein paar Minuten allein miteinander verbringen, und obwohl beide sehr schüchtern waren, so wußten sie doch, daß ihre Liebe ständig stärker wurde. Hinemoa spürte Tutanekais Kraft, und in seiner Nähe fühlte sie sich sicher und geborgen.

Tutanekai überlegte, wie sie ihren Vater davon überzeugen könnten, einer Heirat zuzustimmen. Hinemoa erschrak.

„Nein", rief sie, „das ist schon so oft vorgekommen, ich kann mir nicht vorstellen, daß mein Vater uns jemals seine Einwilligung geben wird."

Tutanekai sagte: „Wir haben uns so lieb. Komm mit mir zu meiner Insel Mokoia."

„Das ist unmöglich", erwiderte Hinemoa. „Sie würden uns entdecken und mich nach Rotorua zurückbringen, und ich würde dich niemals, *niemals* mehr wiedersehen dürfen!"

Aber Tutanekai war fest entschlossen. Er sagte: „Nein, du mußt meine Frau werden. Ich will dich heiraten. Ich habe einen Plan. Wenn dein Stamm schläft und ich wieder in Mokoia bin, mußt du zum Ufer hinunter gehen, ein Kanu nehmen und zu mir herüberpaddeln."

„Aber wie soll ich dich finden? Wie soll ich die Insel Mokoia finden?"

„Ich haben eine Flöte", sagte Tutanekai. „Ich spiele jeden Abend darauf."

„Das ist also *deine* Flöte! In all diesen Nächten habe ich nicht gewußt, daß du diese Musik für mich gespielt hast. Natürlich weiß ich, wo du bist. Ich weiß es schon seit vielen Tagen und Nächten. Ja, ich werde es wagen. Ich werde dich finden."

Tutanekai kehrte mit seinen Stiefbrüdern und seinem Vater zur Insel zurück, und Hinemoa wartete. Als sie das Flötenspiel hörte, eilte sie zum Ufer hinunter und suchte ein Kanu. Aber da war kein Kanu. Sie konnte kein einziges sehen. Sie waren alle weit auf das Land hinauf gezogen worden. Und obwohl sie es immer wieder versuchte, hatte sie nicht die Kraft, eines zum Wasser hinunter zu schieben – die Kanus waren zu schwer.

Enttäuscht kroch sie in ihre Schlafmatte zurück und weinte sich mit den Gedanken in den Schlaf: „Ich kann den Klang deiner Flöte hören, aber ich kann nicht zu dir kommen. Ich werde es morgen abend noch einmal versuchen."

In der nächsten Nacht hielt sich der Mond verborgen, und bei Einbruch der Dunkelheit hörte Hinemoa wieder das Flötenspiel ihres Liebsten. Es wurde Zeit. Wieder eilte sie hinunter zum Ufer. Unmöglich! Kein einziges Kanu.

Nacht um Nacht geschah nun dasselbe. Sobald der Wind Tutanekais Musik über das Wasser trug, wurde Hinemoa unruhig. Sie mußte irgendwie nach Mokoia gelangen. Sie entschloß sich, es ohne Kanu zu versuchen. Im Laufe des nächsten Tages fand sie ein paar Kürbisflaschen und versteckte sie. Am selben Abend nahm sie sie mit zum Wasser hinab, band die Kürbisflaschen zusammen und warf sie in den See. Ohne auch nur einen Blick zurückzuwerfen, legte sie sich auf die Flaschen und stieß sich auf den dunklen See hinaus. Sie begann in die Richtung zu paddeln, aus der die Musik kam. Die Flötenklänge führten sie durch die mondlose Nacht, und obwohl sie bald sehr erschöpft war, paddelte sie unermüdlich weiter.

Sie kam näher an Mokoia heran, aber durch das kalte Wasser war sie bis auf die Knochen durchgefroren und wurde zusehends schwächer. Die Musik schien nun weiter entfernt, gab ihr aber dennoch Zuversicht zum Weiterpaddeln. Plötzlich glaubte sie, schon in Rufweite der Insel zu sein. Sie streckte einen Fuß in die Tiefe und fühlte ein paar Algen. Kurz darauf hatte sie festen Boden unter den Füßen und kletterte starr vor Kälte aus dem Wasser.

Dunkelheit und Stille flößten ihr Angst ein, aber sie machte einige Schritte auf das trockene Land, das sich unter ihren Füßen warm anfühlte. Da sie ihren Mantel zurückgelassen hatte, war sie fast nackt und fror. Die warmen Steine erinnerten sie an die Geysire auf dem Festland. Sie lief ein Stück weiter, und der Boden wurde wärmer, und es dauerte nicht lange, bis Hinemoa das ersehnte Geräusch einer springenden Quelle hörte. Geysire! Noch ein paar Schritte, und sie stand neben einem wunderschönen natür-

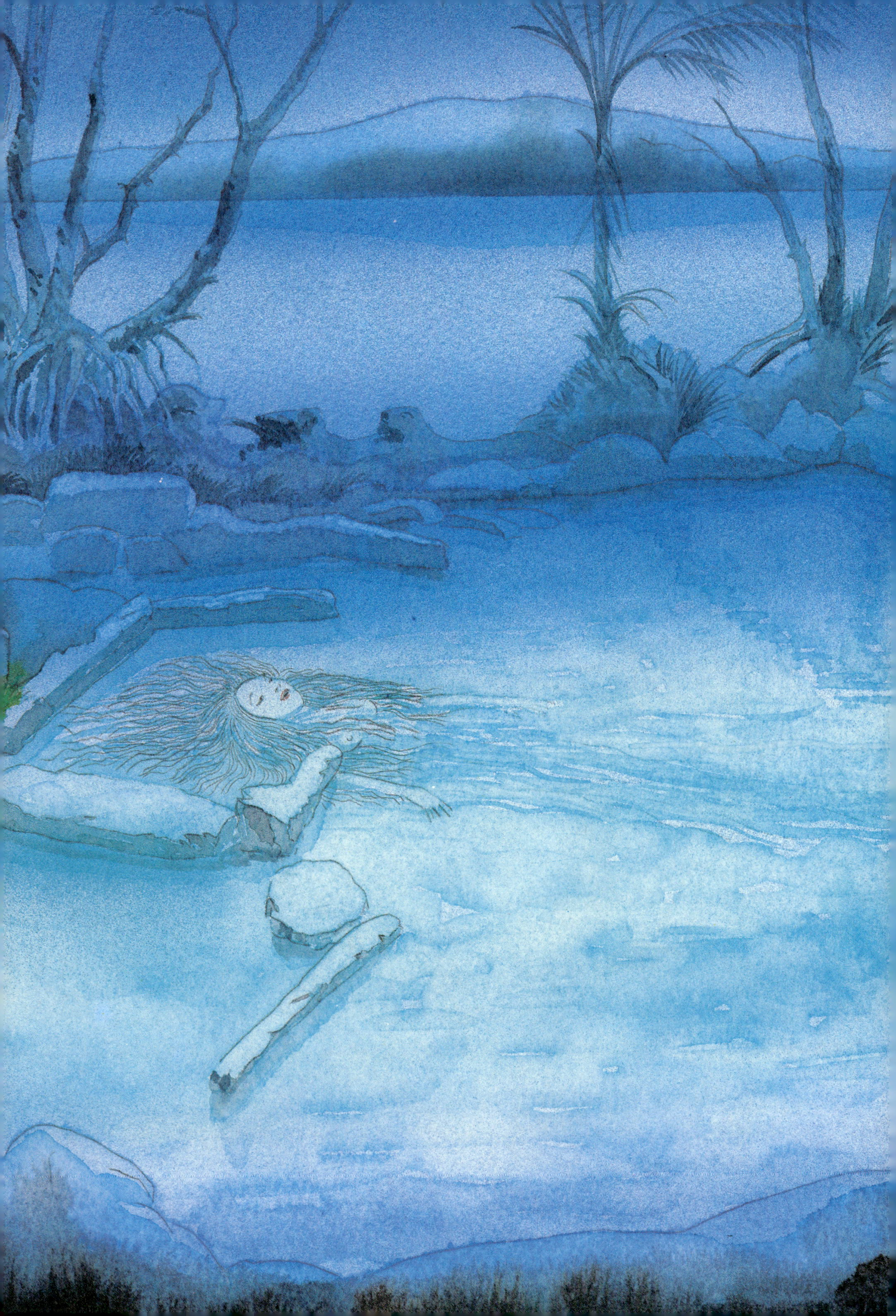

lichen Becken mit heißem Schwefelwasser. Sie legte sich hinein und ließ die wohltuenden Wärme durch ihre Glieder fluten.

So lag sie einige Zeit, und nach und nach kam wieder Leben in ihre Finger und Zehen. Sie überlegte, was sie nun tun sollte.

„Ich weiß, daß Tutanekai hier ist, aber ich kann nicht nackt, nur mit meinem Haar bekleidet, in das Dorf gehen. Ich muß einen Weg finden, daß er zu mir kommt."

In diesem Moment hörte sie Schritte näherkommen und verhielt sich ganz still. Dann rief sie mit verstellter Stimme: „Wer ist da?"

Eine ängstliche Stimme antwortete: „Wer ruft da?"

Darauf wieder Hinemoa: „Was tust du hier?"

Und die gleiche Stimme antwortete: „Ich hole Wasser für meinen Herrn Tutanekai."

„Gib mir den Wasserbeutel!"

Hinemoa konnte nur den Umriß eines Mannes erkennen, der in der ausgestreckten Hand einen Beutel hielt. Sobald sie danach griff, rannte er davon. Sie nahm einen Schluck und ließ sich dann wieder in das warme Wasser zurücksinken. Was sollte nun werden?

Bald hörte sie Stimmen. Sie verhielt sich ganz ruhig und sah einen riesigen Schatten auf sich zukommen. Panische Angst überkam sie. "Oh nein!" dachte sie, „Es ist ein Ungeheuer. Etwas Schreckliches wird mir zustoßen und ich werde Tutanekai nie wiedersehen." Sie schloß die Augen und hoffte, daß die Bedrohung verschwinden werde. Als sie sie wieder öffnete, konnte sie gar nicht glauben, was sie sah: Da war Tutanekai, der seinen Augen gleichfalls nicht traute. Er stand direkt vor ihr.

„Hinemoa", sagte er, „wie bist du hierher gekommen?"

Sobald Hinemoa sich von dem Schreck erholt hatte, erzählte sie ihm die Geschichte ihrer Flucht vom Festland, wie schrecklich das kalte Wasser gewesen war und wie dieses wunderbare, warme Becken offenbar extra dafür geschaffen war, daß sie sich darin erholen und aufwärmen konnte.

Als sie zu Ende berichtet hatte, sagte Tutanekai: "Komm schnell. Ich werde dich in mein Dorf hinunterbringen, solange es noch dunkel ist. Dort finden wir auch Kleider für dich."

Sie gingen zu seiner Hütte und sprachen fast die ganze Nacht über ihre große Liebe.

Als Tutanekais Familie am folgenden Morgen aufstand, war von Tutanekai weit und breit nichts zu sehen. „Warum ist er nicht hier?" fragten sie. Also schickten sie einen seiner Diener, ihn zu wecken. Dieser aber kam bald darauf zurückgerannnt und rief: „Da ist jemand bei Tutanekai, und ... sie schlafen beide, und es ist ... es ist eine *Frau,* eine Frau ist bei Tutanekai!"

Der ganze Stamm blickte sich erstaunt an. Konnte eine Fremde im Dorf sein? Sie hatten nicht bemerkt, daß jemand ins Dorf gekommen war. Und warum hatte Tutanekai ihnen nichts von dieser fremden Frau erzählt?

Gerade wollten sie den Diener nochmals losschicken, um herauszufinden, wer diese rätselhafte Fremde sei, als Tutanekai und Hinemoa erschienen und auf sie zugingen. Als Tutanekais Familie ihre strahlenden Gesichter sah, wurde ihnen klar, daß die beiden verliebt waren. Sie wußten auch, daß diese schöne Frau Hinemoa war.

Tutanekais ganzer Stamm freute sich mit den beiden, machte sich aber auch Sorgen darüber, was Hinemoas Vater nun wohl unternehmen werde. Sie fürchteten, daß er sie bekriegen würde, um seine Tochter zurückzuerhalten. Also schickten sie noch am gleichen Tag einige Krieger zu ihm. Diese berichteten ihm, daß sich Hinemoa in Sicherheit befinde und baten ihn, ihrer Heirat mit Tutanekai zuzustimmen.

Zuerst war Hinemoas Vater sehr verärgert, als er jedoch darüber nachdachte, was seine mutige Tochter alles durchgemacht hatte, um zu ihrem Krieger Tutanekai zu gelangen, ließ seine Wut bald nach.

Nun fanden jede Nacht in der ganzen Gegend Feste statt, und endlich wurden Hinemoa und Tutanekai getraut. Noch heute heißt jene heiße Quelle, in der Hinemoa wieder zu Kräften kam, Hinemoas Bad.

Kahukura und
die Feen

Früher einmal glaubte das Volk der Maori an die Existenz von hochgewachsenen, weißhäutigen Feen. Diese waren Wesen der Nacht, manchmal auch gefährlich, und es heißt, daß sie sterben mußten, sobald ein Sonnenstrahl sie berührte. Ich selbst habe nie glauben können, daß das Sonnenlicht tödlich für sie war, sondern daß es sie vielmehr für immer in jene dunklen Höhlen verbanne, in denen sie wohnen.

Das Wort Fee heißt in der Maori-Sprache Patupaiarehe. Obwohl viele Geschichtenerzähler von männlichen und weiblichen Feen berichteten, waren sie in meiner Phantasie stets Frauen, und zwar ausgesprochen schöne.

Kahukura war ein junger Häuptling, der sich um seinen Stamm große Sorgen machte, weil es an der Westküste der Nordinsel, wo sie lebten, nur wenig zu essen gab. Während alle anderen, seine Freunde und Brüder und die jungen Männer des Stammes also unterwegs auf der Jagd oder beim Fischen waren, um für den Stamm Nahrung herbeizuschaffen, blieb Kahukura zu Hause.

Einen großen Teil seiner Zeit pflegte er damit zu verbringen, einfach auf das Meer hinauszustarren, so als gäbe er sich Tagträumen hin. Er fühlte, daß seine Lebensaufgabe darin bestand, für die Probleme seines Stammes eine dauerhafte Lösung zu finden. Er starrte weiter auf die See hinaus und dachte an all die Schätze, die das Meer barg. Wenn er nur einen Weg finden könnte, daraus wirklichen Nutzen zu ziehen.

Die alten Männer des Stammes standen oft am Ufer und sagten bei seinem Anblick: „Er träumt wieder und wartet darauf, daß irgend etwas aus dem Wasser auftaucht. Wir verstehen ihn einfach nicht!"

Kahukura gab sich weiter seinen Tagträumen hin, schien jedoch sehr selbstsicher und auch davon überzeugt, daß er seinem Stamm bald werde helfen können. Jede Nacht träumte er davon, nordwärts zu ziehen, träumte er von einer Kraft, die ihn zum Nordende der Nordinsel zog. Nacht für Nacht hörte er dieselbe Stimme, die ihm zuflüsterte: „Komm, komm, wir haben dir dort oben viel zu erzählen."

Jede Nacht träumte ihm, er laufe und laufe immer weiter nach Norden, bis er zu einem wunderschönen Sandstrand kam, wo ihn das glitzernde Wasser verwirrte und eine seltsame Musik auf ihn einströmte.

Eines Abends, er sah gerade seinen Freunden beim Singen und Tanzen zu, hörte er eine Stimme. Zuerst war es nur ein Flüstern, dann aber wurde sie lauter, und er verstand deutlich, was sie sagte: „Komm, komm nach Norden. Komm nach Rangiaowhia."

Er hatte zwar noch nie von Rangiaowhia gehört, aber die Stimme besaß eine seltsame Anziehungskraft und wiederholte unaufhörlich die Worte: „Komm nach Norden!"

Also beschloß er, ihr zu folgen. Er machte sich allein auf den Weg und erzählte auch niemand davon.

Es war eine lange und anstrengene Reise. Es gab keine Wege, an die er sich halten konnte, er mußte also querfeldein marschieren, über Wiesen und durch Wälder, über Wasserfälle und durch dichtes Dornengestrüpp. Der Regen durchnäßte ihn bis auf die Haut, aber nicht einen Augenblick dachte er daran umzukehren, denn er war überzeugt, daß etwas auf ihn wartete, das für seinen Stamm und dessen Zukunft gut und wichtig war.

Eines Tages kam er am späten Nachmittag auf einen Hügel und sah vor sich einen wunderschönen Sandstrand liegen – genau jenen Strand, der ihm im Traum erschienen war. Nun, da er sein Ziel offenbar erreicht hatte, erfüllte ihn ein gewisser Stolz. Gleichzeitig aber war er verwirrt: Warum hatte es ihn an diesen Strand gezogen, der scheinbar nur Steine, Sand und Wasser zu bieten hatte? Er konnte es nicht verstehen.

Er ging hinunter zum Ufer und sah sich um. Er fand ein paar Stöcke, etwas verdorrten Flachs und einen Haufen Fischgräten und -innereien. Offenbar hatten einige Fischer hier ihren Fang ausgenommen. Andererseits aber konnte Kahukura keine anderen Fußabdrücke als seine eigenen entdecken. Vielleicht, dachte er sich, hat die Flut all diese Dinge herangeschwemmt. Aber nein, das Wasser war niemals so weit heraufgekommen. Kahukura wurde immer verwirrter.

Er setzte sich auf einen Stein. Vielleicht würde ihm so leichter einfallen, warum es keine Fußabdrücke gab. Die lange Reise hatte ihn aber so erschöpft, daß er sehr bald einschlief. Als er einige Stunden später wieder erwachte, war es Nacht, und der Mond schien hell. Einen Moment lang wußte er nicht, wo er sich befand. Dann hörte er eine seltsame, eindringliche Musik, die gleiche Musik wie in seinen Träumen. Diesmal jedoch war er wach.

Er blickte auf das schimmernde, glitzernde Wasser; aber das Glitzern wurde nicht vom Mondlicht verursacht, sondern von Fackeln, und es kam immer näher in Richtung auf das Land. Kahukura umklammerte seine Axt fester und kroch zum Ufer hinunter. Jetzt konnte er zwei Kanus ausmachen und auch Stimmen hören. Zwischen den beiden Booten war eine seltsame Art Seil gespannt, und die Stimmen unterhielten sich miteinander. Eine gab Anordungen: „Holt das Netz ein! Holt das Netz ein!"

Kahukura, dessen Volk nur Speere und Angelruten kannte, hatte noch nie von einem „Netz" gehört, und er fragte sich, ob dies wohl ein neues Fischereigerät sei. Er war fasziniert und kroch noch näher heran, um besser zusehen zu können.

„Holt das Netz ein!" schrie die Stimme wieder.

Während sie zogen, zappelten die Fische im Netz. Kahukura hatte noch nie so viele Fische auf einmal gesehen. Jetzt hatte er auch eine bessere Sicht auf die Gestalten und erkannte, daß ihre Haut sehr viel heller als seine eigene war. Plötzlich wurde ihm klar, daß er in eine Gruppe von Feen geraten war und daß dies der Strand war, wo sie nachts ihren Fang an Land brachten. Jetzt verstand er auch, warum im Sand keine Fußabdrücke zu sehen waren.

Die Feen waren so beschäftigt damit, die gefangenen Fische einzuholen, daß sie gar nicht bemerkten, daß Kahukura keiner von ihnen war. Er beobachtete, wie sie das übervolle Netz an Land zogen und mischte sich dann unter sie und half mit. Er war fest entschlossen herauszufinden, wie so ein Netz funktionierte. Wie war es möglich, daß die Feen das Netz durch das Wasser und sogar ans Ufer ziehen konnte, ohne daß die Fische entkamen? Was würde es für sein Volk bedeuten, solch ein Netz zu besitzen!

Da die Feen nicht alle Fische im Netz nach Hause tragen konnten, begannen sie nun damit, Flachsstücke an einem Ende mit einem Knoten zu versehen und dann die Fische an den Kiemen darauf aufzufädeln. So konnte jede einzelne Fee eine Menge Fische transportieren. Kahukura tat es ihnen gleich, vergaß aber absichtlich den Knoten am Ende der Schnur, so daß die Fische immer wieder durchrutschten. Die Feen halfen ihm, aber sobald sie ihm wieder den Rücken zuwandten, löste er den Knoten erneut, und die Fische rutschten wieder in den Sand. Kahukura wußte, daß sich die Feen bei Sonnenaufgang in großer Gefahr befanden, und daß sie sich folglich sehr beeilen mußten, um ihren Fang noch im Schutze der Nacht sicherzustellen. Kahukuras wiederholtes Aufmachen des Knotens verzögerte ihre Tätigkeit jedoch gewaltig.

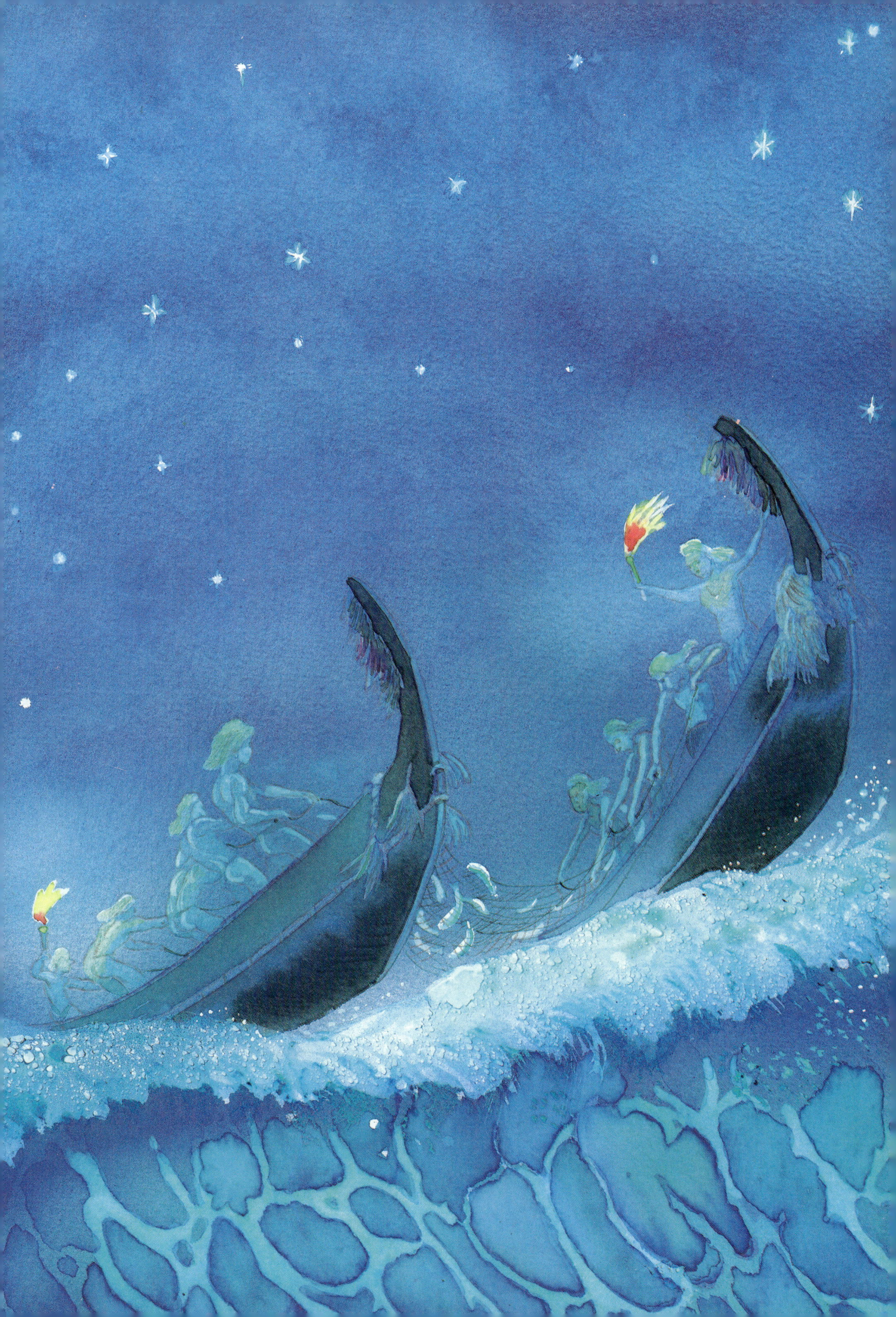

Die ganze Zeit über behielt er den östlichen Himmel im Auge, der sich langsam heller färbte. Die Feen wurden inzwischen von ihrem Häuptling zur Eile angehalten. Als die Sonne aufging, hatten sie noch immer nicht alle Fische aufgefädelt. Und genau in dem Moment, in dem sie erkannten, daß Kahukura nicht zu ihnen gehörte, trafen die ersten Sonnenstrahlen ihre Körper, und sie verschwanden.

Übrig geblieben waren nur ein paar Fische und das Netz, dieses Zaubernetz, das, wie Kahukura jetzt klar wurde, der tiefere Sinn seines Traums gewesen war: Er sollte es finden und zu seinem Stamm zurückbringen.

Kahukura packte das Netz sehr sorgfältig zusammen und machte sich auf seine lange Heimreise. Jeden Tag untersuchte er das Netz, um herauszufinden wie es gemacht war und wie es funktionierte. Bis er wieder zu Hause war, hatte er das Rätsel gelöst.

Seine Freunde und seine Familie kamen ihm entgegengerannt und fragten: „Wo warst du? Warum warst du solange fort? Wir haben uns schon Sorgen gemacht. Wir hatten Angst, daß dir etwas zugestoßen ist."

Aber Kahukura lächelte nur und packte das Fischernetz der Feen aus. Ihre Fischerei wäre nun nicht mehr von Angelruten und Speeren abhängig, erklärte er. Und er zeigte ihnen seine wunderbare Entdeckung.

Der sprechende Taniwha von Rotorua

Ein Taniwha ist ein Ungeheuer, das sich normalerweise in tiefen Gewässern oder unter Felsen und Klippen aufhält. Als ich klein war, hörte ich von einem Taniwha, der mir schreckliche Angst einjagte.

In der Nähe der Brücke, unter der der Taniwha lebte, wuchs ein Obstbaum. Der Taniwha glaubte nun, daß das Obst, das dieser Baum trug, ihm gehörte. Eines Tages kam ein Junge und pflückte das Obst. Nicht viel später wurde er aus dem Fluß gefischt, in dem er ertrunken war. Ich bin nicht sicher, ob der Taniwha den Knaben ertränkte, aber von diesem Tag an fürchtete ich mich davor, Früchte von einem Obstbaum zu pflücken!

Der Sprechende Taniwha von Totorua soll ein schwarzes Monstrum mit einem riesigen Kopf und fledermausartigen Flügeln gewesen sein, deren Spannweite fast vier Meter betrug. Obwohl allgemein angenommen wurde, daß der Taniwha eine Art Seeungeheuer war, habe ich ihn mir immer als Drachen vorgestellt, mit der schuppigen Haut furchteinflößender Reptilien und einem großen Maul voller spitzer Zähne.

Es war einmal ein riesengroßer, menschenfressender Taniwha, der die eine Seite eines Berges in Rotorua beherrschte, und es war sehr schwierig, diesen Berg zu passieren, ohne seinen Weg zu kreuzen. Nun lebte damals ein Waikato-Häuptling namens Kahu-ki-te-rangi, der sehr verliebt in die Tochter eines anderen Häuptlings namens Pou-whenua war. Sie hieß Koka, und ihr Stamm wohnte auf der Rotorua-Seite des Berges. Kahu wußte, daß sich das Volk von Rotorua wünschte, über einen direkten Pfad von einer Seite des Berges auf die andere zu kommen ohne den weiten, ermüdenden Umweg machen zu müssen. Außerdem wollte er Koka natürlich möglichst oft besuchen. Kahu suchte also nach einer Möglichkeit, den Taniwha loszuwerden oder zumindest eine bequemere Route zu finden, die außerhalb des Machtbereichs des Taniwha lag.

Eines Tages machte Kahu den weiten Umweg um Koka zu sehen, und er erklärte Pou-whenua, daß er ihn von dem Taniwha befreien und einen Weg über den Berg anlegen wollte, so daß beide Stämme sich frei bewegen und ohne größere Umstände von einer Seite auf die andere gelangen könnten. Der alte Häuptling, der nicht dumm war, wußte, daß dies ein ausgesprochen großzügiges Angebot war, und so fragte er Kahu: „Welche Bedingungen stellst du?"

„Ich will deine Tochter zur Frau", antwortete Kahu.

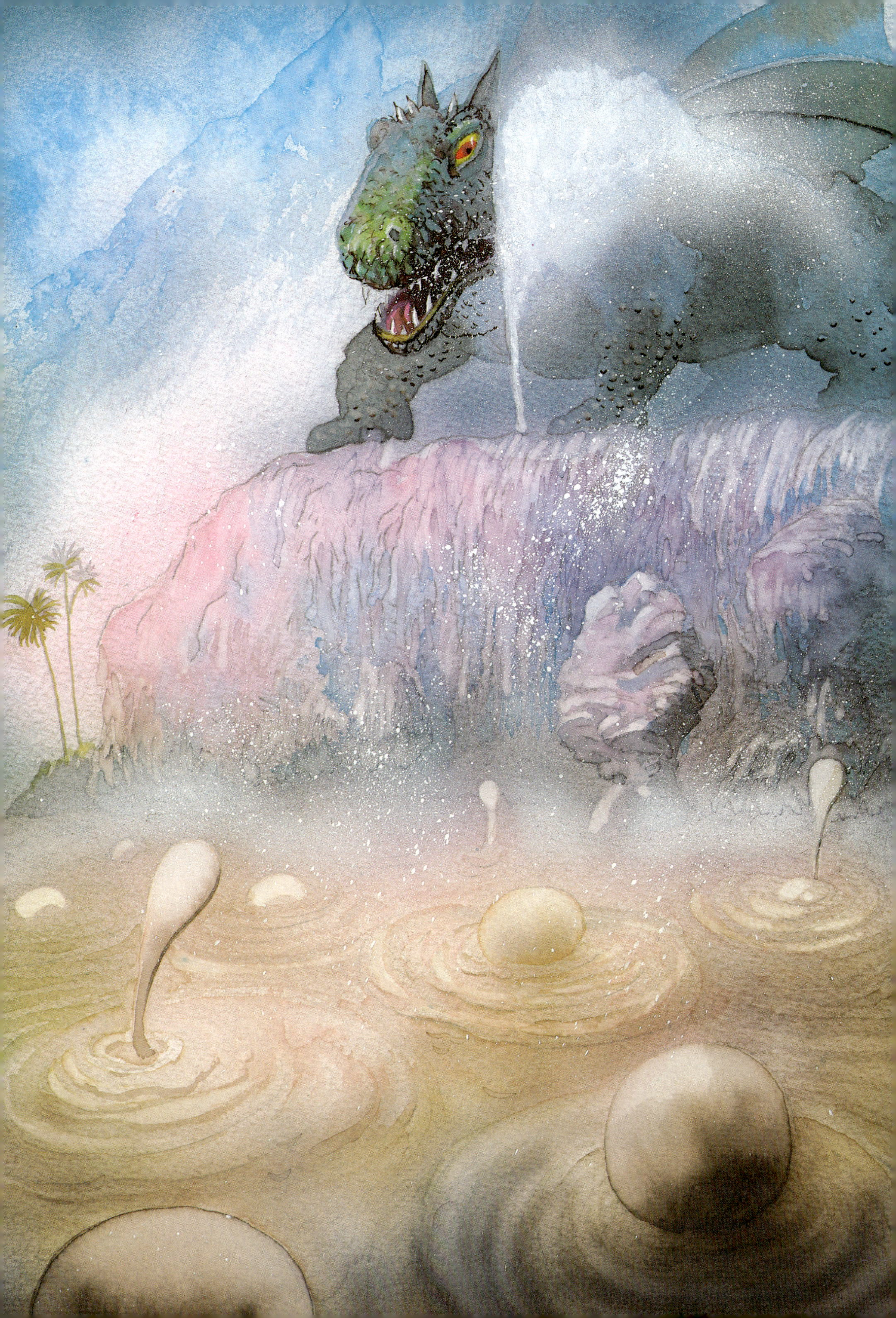

Pou-whenua willigte nur allzugerne ein: Es würde eine standesgemäße Hochzeit sein, und die Stämme von Rotorua und Waikato würden zusammen gegen ihren gemeinsamen Feind, den Taniwha, vorgehen, der sie seit Menschengedenken tyrannisierte. Kahu kehrte nach Hause zurück und bereitete sein Volk darauf vor, einen ordentlichen Weg anzulegen.

Nun war Kahu allen anderen immer einen Schritt voraus, weil sein Vater, der ein berühmter Taniwha-Töter gewesen war, ihm alles über Taniwhas beigebracht hatte. Er hatte sogar die Taniwha-Sprache gelernt. Außerdem wußte er, daß dieser Taniwha eine Schwäche hatte: Er liebte es, wenn man ihn am Rücken kraulte. Also machte sich Kahu zur Höhle des Taniwha auf, und er hatte dabei keine Angst.

Er ging geradewegs hinein und begann zu sprechen. Der Taniwha war darüber so überrascht, daß er seine Vorliebe für Menschenfleisch ganz vergaß, und als Kahu auch noch anfing, ihm den Rücken zu kratzen, wurde er direkt gastfreundlich.

Der Taniwha und Kahu unterhielten sich, und Kahu argumentierte sehr überzeugend: „Paß auf, mein Freund, ich glaube, du solltest dir eine Frau suchen und von hier wegziehen."

Für den Taniwha kam Kahus Vorschlag völlig unerwartet. "Was meinst du damit?" fragte er.

„Nun, ich denke, ich kann dir eine Frau besorgen."

Bei diesen Worten wurde der Taniwha hellhörig. Aber noch immer blieb er reserviert und auf der Hut.

„Aber warum soll ich von hier fortgehen und auf die andere Seite ziehen? Du bist der einzige, der sich traut, diesen Weg zu benutzen."

„Nun", antwortete Kahu, „wenn ich eine Frau für dich finde, werdet ihr beide auf der anderen Seite viel glücklicher sein. Aber du mußt mir versprechen, daß ihr dort bleibt."

Der Taniwha dachte, daß dies Angebot doch sehr verlockend klinge.

„Was für eine Frau?" fragte er.

„Ich werde dir binnen zwei Tagen eine Waikato-Frau bringen", sagte Kahu, „aber nur wenn du versprichst, daß du deinen Teil des Abkommen einhältst und auf der anderen Seite des Berges bleibst."

Der Taniwha stimmte zu, und Kahu verließ ihn, stolz auf seinen Einfall.

Kahu wußte, daß es schwierig werden würde, jemanden für den Taniwha zu finden, aber er hatte eine bestimmte alte Frau im Sinn. Sie war wirklich

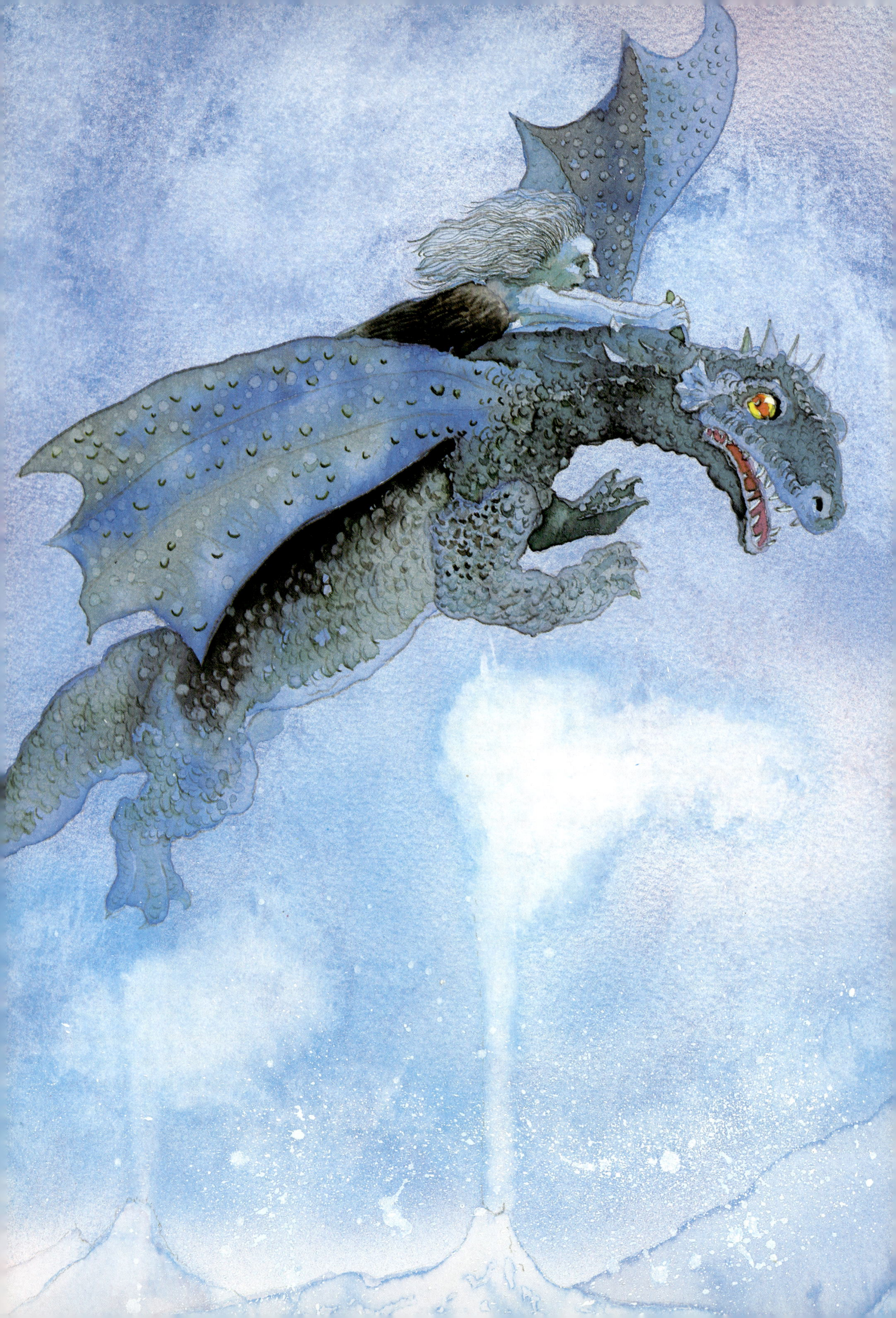

häßlich und nur als Totengräberin zu gebrauchen. Kein Angehöriger des Stammes wollte etwas mit ihr zu tun haben. Ihr Name war Pukaka.

Kahu suchte sie auf und erzählte ihr, daß er einen Ehemann für sie gefunden habe. Aber die alte Frau, die zudem noch schmutzig war, dünnes, stumpfes Haar hatte und anstelle von Kleidern nur Lumpen trug, glaubte ihm nicht.

„Was willst du damit sagen?" fragte sie. „*Mir* einen Ehemann gefunden. Niemand, der ganz richtig im Kopf ist, würde sich zutrauen, einen Mann zu finden, der mich heiraten will."

„*Ich* habe einen gefunden", erwiderte Kahu, „und er wartet auf dich."

„Wo?"

„Auf dem Hügel zwischen hier und Rotorua."

„Aber dort lebt doch nur ein Taniwha." sagte Pukaka.

„Richtig. Der Taniwha will dich zur Frau. Er wird dich heiraten und für dich sorgen."

Die alte Frau überlegte: Ihr Leben hier war jämmerlich. Wenigstens werde ich einen Ehemann zur Gesellschaft haben, und das Heim eines Taniwha ist besser als zu verhungern.

Pukaka willigte also ein, mit Kahu zu gehen, und er führte sie den Pfad zur Höhle des Taniwha.

Der Taniwha und die alte Frau blickten einander an, und beiden gefiel nicht besonders, was sie sahen. Aber sie würden zumindest nicht mehr allein sein. Der Taniwha sagte, er werde Pukaka nehmen und das beste aus einem schlechten Geschäft machen.

Kahu zog Pukaka zur Seite: „Denk dran", sagte er, "kraule ihm den Rücken ordentlich, und er wird alles für dich tun. Und achte im Interesse deines Volkes darauf, daß er auf der anderen Seite des Berges bleibt."

Als Kahu die beiden verließ, hielt der Taniwha Wort, nahm Pukaka auf seinen Rücken und flog mit ihr auf die andere Seite des Berges, wo er sich mit seiner Braut niederließ.

Nachdem der Taniwha weg war, konnten die Waikato-Männer mit ihrer Arbeit an dem Pfad beginnen. Sie fällten Bäume und ebneten das Unterholz ein. Als sie fertig waren, hatten die beiden Stämme einen bequem begehbaren, breiten Weg, auf dem sie bequem reisen konnten. Jetzt konnten Kahu und seine Freunde viel rascher nach Rotorua gelangen als früher, und sie brauchten auch keine Angst mehr vor dem Taniwha zu haben.

Kahu heiratete Koka, und die Festlichkeiten dauerten viele, viele Tage lang. Als die Feier schließlich vorüber war, traten Kahu und Koka und alle

Angehörigen des Waikato-Stammes ihre Rückreise an. Sie gingen langsam, denn die Festivitäten waren sehr angestrengend, und sie hatten nur wenig geschlafen. Ohne daß sie es bemerkt hatten, hatte der Taniwha sein Versprechen gebrochen und war zurückgekehrt. Aus seinem Versteck hinter Farngewächsen beobachtete er die lange Reihe der Hochzeitsgäste. Der Taniwha war ganz und gar nicht glücklich. Als er das frohe Gelächter hörte und Kahu in Begleitung der wunderschönen Koka sah, fragte er sich, warum er anstelle seiner alten, häßliche Pukaka nicht gleichfalls eine junge schöne Frau haben könne. Und je mehr er an seine schreckliche Pukaka dachte, die Kahu ihm hinterlistigerweise aufgehalst hatte, desto ärgerlicher wurde er. Er beschloß sich zu rächen.

Als die Waikato-Leute an seinem Versteck vorbeizogen, stürzte der Taniwha hervor und griff sich vier schöne junge Frauen. Eine davon war Koka. Dann schwang er sich in die Lüfte und flog zurück zu seiner alten Höhle hoch in den Bergen, wo er sich aus den vier zarten jungen Frauen ein Festmahl zubereiten wollte.

Kahu war verzweifelt. Er mußt ansehen, was geschah, ohne etwas dagegen unternehmen zu können. Schließlich konnte er ja nicht hinter dem Taniwha herfliegen. In seinem Zorn versammelte er alle Mitglieder seines Stammes um sich und erklärte, sie müßten diese bösartige Kreatur nun ein und für allemal loswerden. Dann schmiedeten sie einen Plan.

Aus Flachs fertigten sie ein besonders starkes Seil, das sie zum Eingang der Höhle des Taniwha trugen. Dort machten sie eine Schlinge daraus, die sie an einer Astgabel aufhängten. Die beiden Enden der Schnur wurden in die Baumgipfel rechts und links von der Höhle geführt, wo sich Kahus Leute dann auch versteckt hielten und nur darauf warteten, das Seil auf ein bestimmtes Signal hin straff zu ziehen.

Nun trat Kahu aus dem Wald heraus und stellte sich ins helle Sonnenlicht mitten auf die Lichtung vor dem Eingang zur Höhle. Diesmal war er sichtlich nervös, stand jedoch seinen Mann und brüllte den Taniwha an:

„Komm heraus, du Feigling, du hast dein Versprechen gebrochen!"

Der Kopf des Taniwha erschien.

„Ach, du bist es, Kahu! Willst du meine neue Frau Koka sehen? Sie ist so jung und so hübsch. Oder möchtest du vielleicht lieber Pukaka – du kannst sie haben. Sie ist auf der anderen Seite des Berges; ich schenke sie dir."

Der Taniwha gefiel sich in seiner Rolle. Höhnisch verspottete er Kahu.

„Koka ist in meiner Höhle und wartet geduldig auf mich. Mach dir nur keine Gedanken um sie. Ich sorge schon für sie."

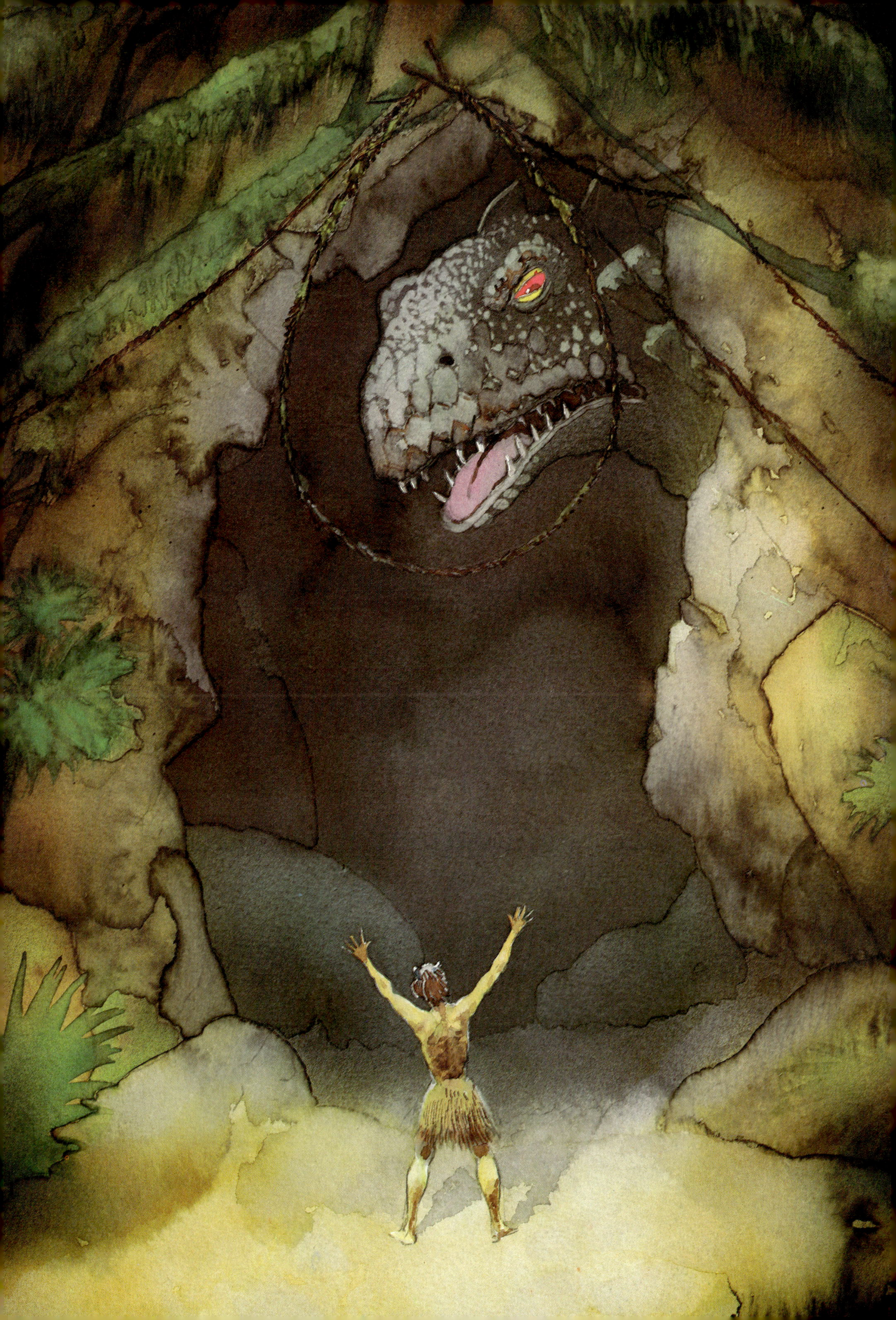

Kahu tobte: "Du hast meine Frau gestohlen, du bösartige Kreatur, und jetzt werde ich sie mir wiederholen!"

Der Taniwha lachte nur.

„Ha, du bräuchtest ein ganzes Heer, um sie herauszuholen. Ich besitze Zauberkräfte und bin hundertmal stärker als die stärksten Männer deines jämmerlichen Volkes. Du verschwindest jetzt besser, oder ich werde mir dich schnappen und dich zerquetschen und dann den Geiern zum Fraß vorwerfen."

Kahu antwortete nicht. Statt dessen streckte er seine Zunge heraus, und der Taniwha war durch diese Geste derart verärgert, daß er nach vorne eilte. Kahu sprang rasch zurück, drehte sich ein paarmal um sich selbst und streckte dem Taniwha, der immer wütender wurde, erneut die Zunge raus. Dann sprang er hinter die Schlinge und rief seinen Freunden zu, sie sollten die Stange wegziehen, sobald der Taniwha nachkam.

Der Taniwha tappte in die Falle. In dem Augenblick, als er seinen Kopf durch die Schlinge steckte, zogen Hunderte von Händen auf jeder Seite an der Schnur. Der Taniwha war gefangen und konnte nicht mehr entkommen. Die Schlinge zog sich fester um seinen Hals und erdrosselte ihn.

Kahu eilte den Berg hinauf, um Koka aus der Höhle zu befreien. Er nahm sie in den Arm, beruhigte sie und erzählte ihr vom Tod des Taniwha. Nun konnten die beiden Stämme endlich in Frieden leben.

Kahu war der Held des Tages und von diesem Tag an in der ganzen Region als der neue Taniwha-Töter bekannt.

Te Kanawa
und die Besucher
des Feuerlichts

Als ich klein war, habe ich viele Geschichten über den großen Waikato-Häuptling Te Kanawa erzählt bekommen, der ein sehr gutaussehender Mann gewesen sein muß. In manchen Märchen war er auch der stärkste und zuweilen sogar der meistbeneidete Mann des ganzen Stammes.
Auch die Patupaiarehe, die Feen, hatten gehört, wie schön und stark Te Kanawa war, und sie wollten sich mit eigenen Augen davon überzeugen.

Eines Tages wollte Te Kanawa auf die Jagd nach Kiwis gehen, weil er für einen neuen Umhang Federn benötigte. Da Kiwis Nachttiere sind, wartete er bis zum Einbruch der Dunkelheit, dann brach er mit ein paar Freunden und den Jagdhunden auf.

Te Kanawa hatte wenig Glück, denn in dieser Nacht hielt sich der Mond versteckt, und es war unmöglich, in der Dunkelheit auch nur einen Kiwi zu finden. Er machte also den Vorschlag, daß sie sich alle zur Ruhe begeben sollten. Sie suchten sich einen großen Pukatea-Baum, dessen dicke Wurzeln das Erdreich aufgebrochen hatten, und entzündeten an seinem Fuß ein prasselndes Feuer. Dann legten sie sich zum Schlafen nieder.

Aber just als sie am Einschlafen waren, hörten sie laute Stimmen, so als bewege sich eine große Menschenmenge durch den Wald direkt auf sie zu. Te Kanawa schaute sich um, sah aber nur die Schatten, die das Feuer in die Nacht warf. Der Lärm kam offenbar immer näher, denn es wurde zusehends lauter. Plötzlich rief Te Kanawa: „Patupaiarehe! Sie sind von den Bergen heruntergekommen."

Augenblicklich brach unter den jungen Kriegern Panik aus, alle warfen sich flach auf den Boden und zogen ihre Mäntel über den Kopf. Nur die Hunde bleiben ruhig. Sie schliefen weiter, da ihre Ohren für die Stimmen der näherkommenden Feen taub waren. Te Kanawa jedoch, der sich seiner

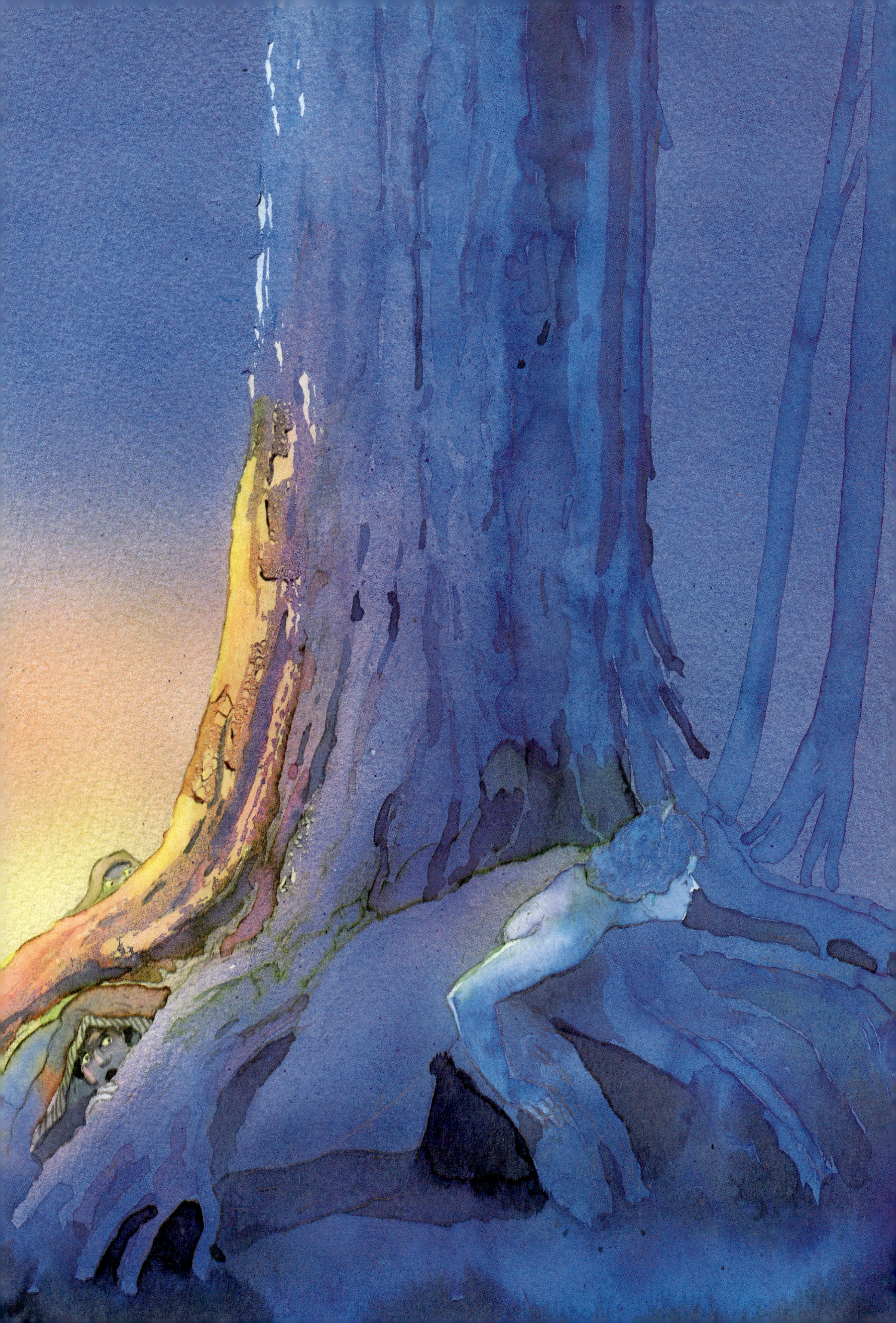

Verantwortung als Führer bewußt war, versteckte sich nicht, sondern starrte tapfer in die Dunkelheit, um zu sehen, ob er die Eindringlinge ausmachen könne. Plötzlich waren sie alle da, schritten über seine Krieger und die Hunde hinweg und stellten sich um ihn herum im Kreis auf.

Die Männer unter ihren Umhängen schlotterten. Aus Angst, sie könnten versehentlich etwas tun, was die Patupaiarehe stören oder gar streitbar machen würde, wagten sie es nicht, die Feen anzublicken.

Te Kanawa lauschte dem Sprechgesang der Feen, die sich um ihn scharten: „Wir sind über den Berg, über den Berg Tirangi gekommen, um den edlen Häuptling Te Kanawa zu sehen."

Er wußte nicht, wie er sich verhalten sollte. Natürlich konnte er sie nicht fortschicken; dies hätte ihnen mit Sicherheit mißfallen. Trotzdem: Je schneller er sie loswerden konnte, desto besser. Da kam Te Kanawa sein wertvoller Schmuck aus Grünstein in den Sinn. Wenn er diese Stücke den Feen anbot, vielleicht würden sie dann umkehren.

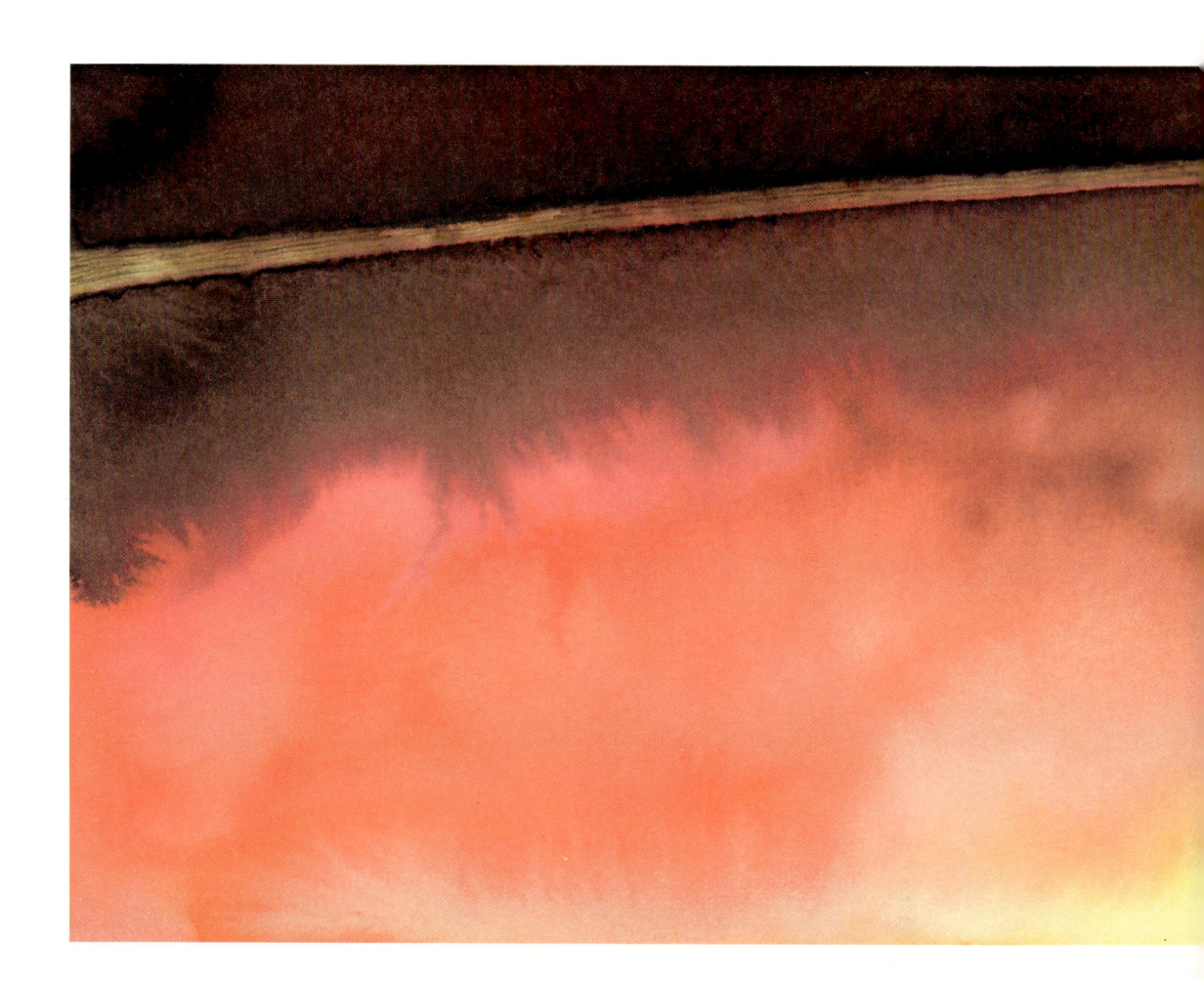

Er nahm also den wunderschönen Grünstein-Anhänger ab, den er um den Hals trug, und hielt ihn den Feen hin. Diese schnatterten aufgeregt, wollten ihn aber nicht berühren. Dann nahm Te Kanawa auch seinen Haifischzahn-Ohrring und seinen langen Grünstein-Ohrring ab, um beide den Feen zu zeigen.

Plötzlich fiel ein Scheit aus dem Feuer, und eine helle Flamme loderte in die dunkle Nacht empor. Im Handumdrehen waren die Feen verschwunden. Sobald das Feuer jedoch zurückging, krochen sie wieder aus ihrem Versteck und begutachteten erneut die Schmuckstücke.

Te Kanawa war jetzt wild entschlossen, seine Besucher loszuwerden, hatte jedoch Angst, daß sie ihn berühren könnten. Er fand einen langen Stock, hängte den Anhänger und die Ohrringe an ein Ende und hielt es den Feen hin, damit sie den Schmuck nehmen konnten. Zu seiner großen Überraschung jedoch griff der Anführer der Feen nicht nach den Pretiosen, sondern bückte sich vielmehr und hob die Schatten auf, die der Anhänger und die Ohrringe auf den Boden geworfen hatten. Dann reichte er diese Schatten seinen Leuten weiter, und diese inspizierten sie mit Wohlgefallen. Dann verschwanden sie. Die Schatten des Schmuckes nahmen sie mit.

Te Kanawa legte sich nieder, zog seinen Umhang über den Kopf und versuchte, wieder einzuschlafen. Aber sein Herz klopfte so stark, daß er keine Ruhe fand.

Beim ersten Sonnenstrahl sprang er auf und untersuchte den Stock: Sein Anhänger und die Ohrringe waren noch da.

Mataora und Niwareka in der Unterwelt

Diese Geschichte berichtet über die Kunst des Moko, dem Maori-Wort für Tätowierung.

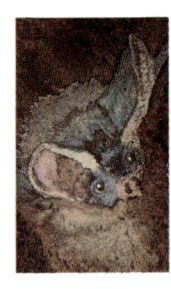

Mataora war ein großer Kriegerhäuptling, und sein Volk war sehr stolz auf ihn und auf die vielen Kriege, die er gewonnen hatte. Eines Nachts, als er sich nach üppigen Feierlichkeiten zum Schlafen niederlegte, hatte Mataora einen wunderbaren Traum: Er kämpfte, und seine Leute winkten und jubelten ihm dabei zu. Obwohl es nur ein Traum war, konnte Mataora sie deutlich erkennen und ihre Anfeuerungsrufe hören.

Als er gerade dabei war, den Kampf zu gewinnen, wurde ihm bewußt, daß er nur geträumt hatte. Gleichzeitig fühlte er sich beobachtet, und zwar nicht im Traum, sondern in der Wirklichkeit. Er öffnete die Augen und hörte Gelächter. Da fiel sein Blick auf eine Reihe weißer Gesichter, die ihn alle anstarrten.

Recht unsicher fragt er: „Wer seid ihr? Was seid ihr?"

Lachend erwiderten sie: "Wir sind die Turehu."

Und nun konnte er sehen, daß alle Frauen waren, deren schöne, blasse Gesichter von blondem Haar umrahmt wurden. Sie lächelten und sagten: „Wir kommen von Rarohenga, aus der Unterwelt. Aber was bist du? Ein Gott?"

„Warum fragt ihr, wer oder was ich bin? Ich bin ein Mann, ein Mensch. Könnt ihr das nicht selber sehen?," meinte Mataora etwas verärgert.

„Aber du bist nicht so tätowiert wie unser Volk." sagten sie.

„Was meint ihr damit?" entgegnete er. „Ich *bin* tätowiert. Diese Muster auf meinem Gesicht sind Tätowierungen."

„Nein", beharrten sie, „richtige Tätowierungen kann man nicht abwischen. Deine könnte jedes Kind entfernen."

„Also gut", wollte Mataora wissen, und seine Geduld ließ sichtlich nach, „welche andere Art gibt es denn noch?"

Aber sie gaben ihm keine klare Antwort. Sie sagten lediglich: „Eines Tages wirst du es vielleicht herausfinden."

Mataora war von diesem Besuch der Turehu verständlicherweise fasziniert, denn in seinem Teil des Landes hatte sie noch niemals jemand zu Gesicht bekommen. Er schlüpfte also in die Rolle des höflichen Gastgebers, bat sie Platz zu nehmen und fragte, ob sie mit ihm speisen wollten.

„Ja, wir würden gerne etwas essen, aber wir möchten lieber im Freien speisen und nicht in deiner Hütte", antworteten sie.

Also ging Mataora zu seinem Vorrat, brachte eine Menge gekochter Speisen und breitete alles vor ihnen aus. Aber die Turehu rührten nichts an. Obwohl Mataora fand, daß es sehr appetitlich aussah, schienen diese seltsamen Leute nicht davon essen zu wollen. Mataora fragte, warum sie nicht zugriffen.

„Dieses Essen ist schlecht", sagten sie.

Mataora, der sich große Mühe gegeben und ihnen nur das Beste aus seinen Vorräten aufgetischt hatte, verlor langsam die Geduld.

„Ich werde es jedenfalls essen!" sagte er, „Ich werde es vor euren Augen essen!"

Und als er davon gegessen hatte drängten sich die Turehu um ihn und verfolgten jede seiner Bewegungen. Dann flüsterten sie sich gegenseitig zu: „Er ist immer noch am Leben!"

Sie schauten zu, wie er weiter aß, und eine Turehu öffnete sogar seinen Mund, um nachzuprüfen, wo die Speisen blieben.

Auf einmal verstand Mataora das ganze Theater. Die Turehu, so erinnerte er sich plötzlich, kannten angeblich nur rohe Speisen.

Das sollte kein Problem sein, sagte er sich, stand auf und ging zu dem kleinen Teich hinunter, in dem er für besondere Gelegenheiten wie diese frische Fische hielt. Er fing einige und bot sie den weißhäutigen Wesen an. Sie lachten vor Freude und griffen begierig zu.

Während sie aßen, hatte Mataora Gelegenheit, sie genauer zu betrachten. Sie waren ein elegantes Volk, sehr hochgewachsen und mit ausgesprochen schmalen Nasen. Sie trugen Röcke aus getrocknetem Seegras, wirkten gra-

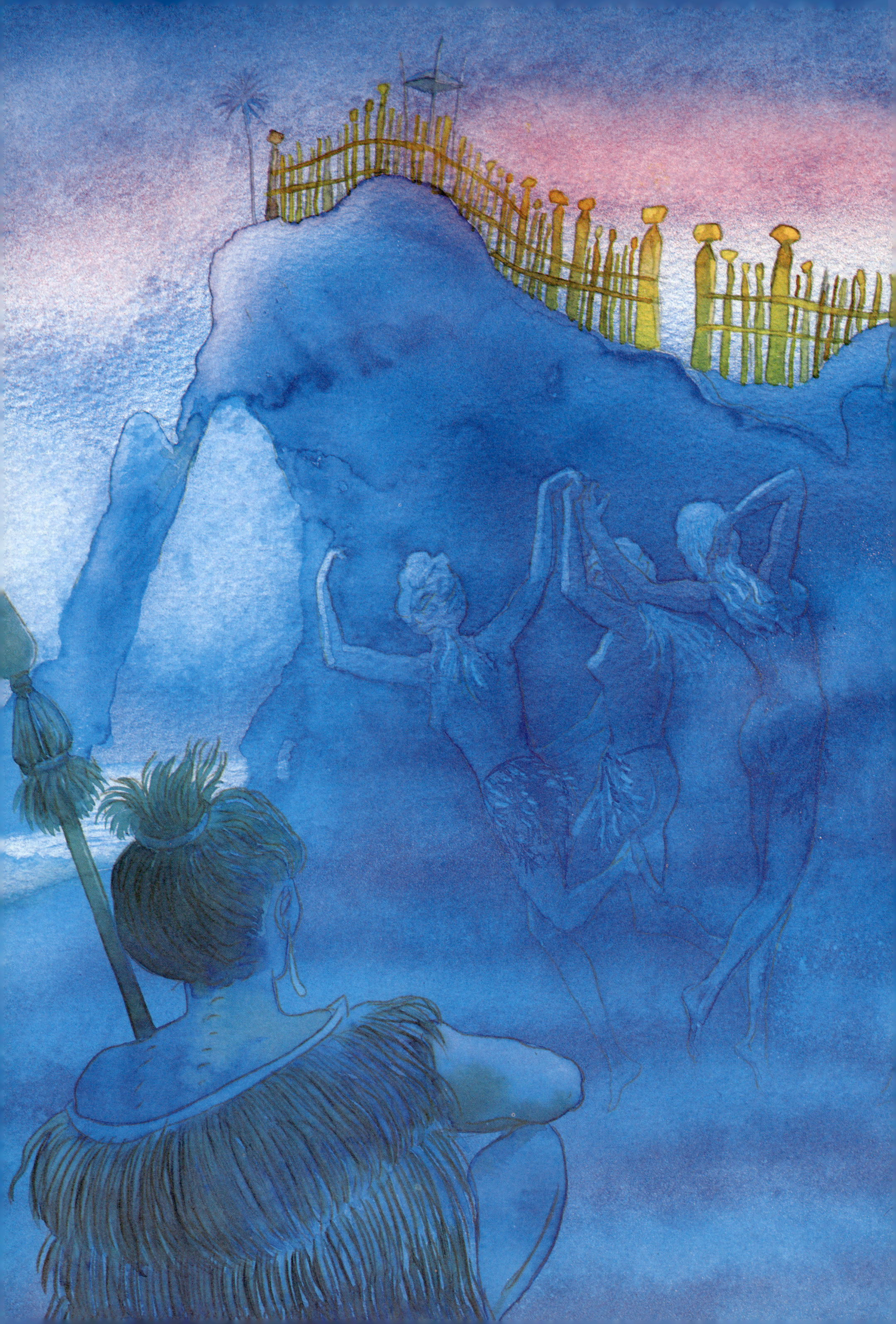

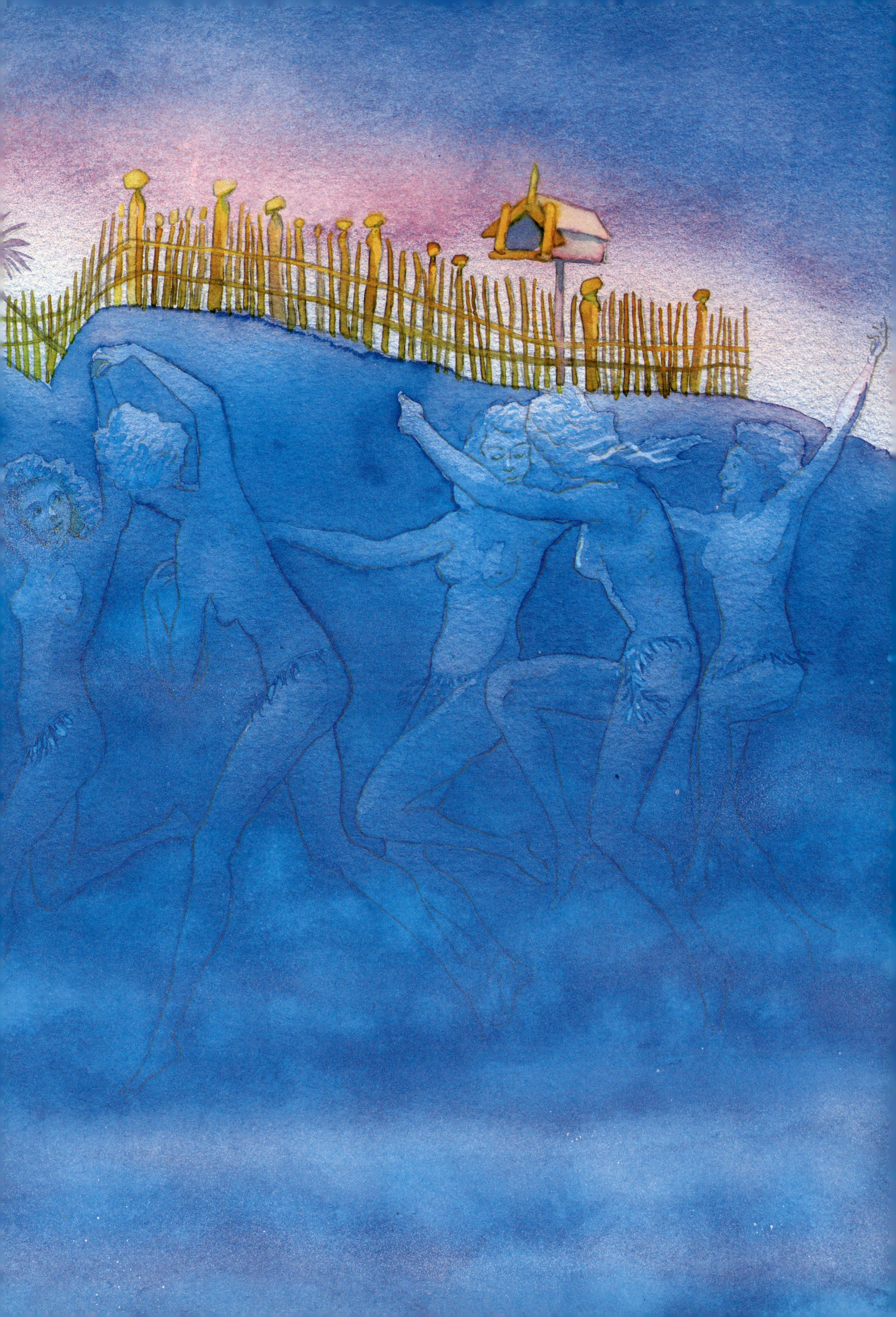

ziös und saßen sehr gerade. Er bemerkte, daß sie häufig und gerne lachten, und nahm dies als Zeichen dafür, daß sie sich in Gesellschaft eines Menschen aus der Oberwelt etwas verlegen fühlten.

Ein junges Mädchen vor allem zog Mataoras Aufmerksamkeit auf sich: Sie war größer als die anderen und sehr schön, und sie schien auch öfters in seine Richtung zu blicken. Gerade als er überlegte, daß er ihr gern näherkommen würde, kam sie zu ihm herüber und setzte sich neben ihn. Ohne miteinander zu sprechen, blickten sie sich tief in die Augen. Und je länger sie so dasaßen, desto besser gefielen sie einander.

Mataora beschloß nun, seine Gäste mit einem Tanz zu unterhalten, einem Tanz, der eines Kriegers und Häuptlings würdig war. Er sprang also auf und wirbelte tanzend herum, und den Turehu, vor allem aber dem jungen Mädchen, gefiel es sehr gut. Als er sich wieder setzte, führten die Turehu einen Tanz auf, der sich von allem unterschied, was Mataora jemals gesehen hatte. Das schöne Mädchen kam nach vorne und zeichnete mit ihren Füßen ein feines Muster in den Sand. Die anderen reichten sich die Hände und folgten ihr, wobei sie sich jeweils durch die erhobenen Arme der anderen schlängelten. Mataora wurde vom Zuschauen ganz schwindelig; er war von ihrer Schönheit so hingerissen, daß er den Entschluß faßte, seine Besucher zu fragen, ob er eine von ihnen zur Frau nehmen könne.

Sie hörten auf zu tanzen und eilten auf ihn zu: „Ja! Welche willst du?"

Er deutete auf das junge Mädchen, das ein Stück entfernt stand. Einen Moment lang schien sie sehr verschüchtert, dann aber, als die anderen zur Seite traten, kam sie langsam auf ihn zu und blieb unmittelbar vor ihm stehen. Sie rieben die Nasen aneinander. Dann nahm er ihre Hände, und sie blickten sich tief in die Augen. Mataora war sehr glücklich: Sie würden den Rest ihres Lebens zusammenbleiben. Ihr Name war Niwareka.
Sie wurden getraut, und dann tanzten alle Turehu, und es gab ein großes Festmahl. Nach der Hochzeit sagte Mataoras junge Frau:

„Ich bin die Tochter von Ue-tonga aus der Unterwelt, aber jetzt gehöre ich zu dir, Mataora, großer Häuptling der Oberwelt."

Und sie waren beide sehr, sehr glücklich.
Nach einigen Tagen kehrten die Turehu in ihre Welt zurück und überließen Mataora und Niwareka ihrem eigenen Schicksal in dem Dorf der Oberwelt. Mataora liebte seine Frau sehr, und jeden Tag wuchs seine Zuneigung noch mehr. Aber irgend etwas war nicht in Ordnung, und sie beide fühlten es.

Mataora war schrecklich temperamentvoll, und da Niwareka eine so empfindsame Person und noch dazu weit weg von ihrer Familie war, fürchtet sie sich vor seinen Wutanfällen. Eines Tages verlor er völlig die Beherrschung und schlug sie. Das traf Niwareka überaus hart. Es war etwas, das sie in der Unterwelt nie erlebt hatte. Sie war so verletzt, daß sie Mataoras Hütte noch in jener Nacht verließ und in der Dunkelheit verschwand.

Mataora erwachte am nächsten Morgen und entdeckte, daß sie nicht mehr da war. Er erinnerte sich, daß er sie geschlagen hatte, dachte jedoch, sie würde wissen, daß dies nur einer seiner üblichen Temperamentsausbrüche gewesen war. Er wartete den ganzen Tag auf Niwareka, und als sie nicht zurückkam, beschloß er sie zu suchen. Und erst als er aufbrach, kam ihm richtig zu Bewußtsein, was er Schreckliches getan hatte.

Obwohl es heller Tag war, schien ihm die ganze Welt düster. Er liebte Niwareka so sehr und wollte ihr sagen, wie leid es ihm tat.

Er glaubte, sie sei in ihre Heimat nach Rarohenga zurückgekehrt, also schlug er diese Richtung ein, obwohl er wußte, daß dies für ihn sehr gefährlich werden konnte. Bald kam er zum Haus der Vier Winde, wo die Seelen der Toten Rarohenga betreten. Der Wächter des Hauses stand davor, und Mataora fragte ihn: „Hast du eine junge Frau gesehen?"

„Wie sieht sie aus?" fragte der Wächter.

„Sie ist sehr groß, hat blondes Haar, helle Haut, und sie ist sehr schön."

„Ja", sagte der Wächter, „eine junge Frau, die heftig weinte, ist vor einiger Zeit an mir vorbeigelaufen."

Mataora wußte sofort, daß dies seine Niwareka gewesen sein mußte.

„Du kannst ihr nachgehen", fuhr der Wächter fort, „wenn du den Mut dazu hast. Hier entlang!"

Er öffnete die Tür, und Mataora sah einen dunklen Gang, der nach unten führte. Er ließ sich hinab, und hinter ihm fiel die Tür fest ins Schloß. Es herrschte totale Dunkelheit. Einen Moment lang glaubte Mataora, daß er in eine Falle geraten sei und Niwareka niemals wiedersehen werde. Dann aber erinnerte er sich daran, was der Wächter über Tapferkeit und Mut gesagt hatte, und er ging weiter.

Wie er so den Tunnel entlang taumelte und immer wieder stolperte und hinfiel, konnte er an nichts anderes denken, als daß er Niwareka finden müsse. Plötzlich sah er einen Lichtschimmer, und dann flatterte eine Pfautaube hoch. Eine Pfautaube war immer ein gutes Zeichen, also fühlte er sich in seinem Vorhaben bestärkt.

„Folge mir, folge mir!" rief sie, „Ich werde dich beschützen!"

Mataora fragte die Pfautaube, ob sie eine schöne junge Frau mit langem blondem Haar und blassem Gesicht gesehen habe.

„Ja, ich habe sie gesehen", antwortete die Taube. „Sie hatte rote Augen und war sehr unglücklich. Sie weinte."

Also eilte Mataora weiter. Bald erreichte er das Ende des Ganges und betrat eine andere Welt. Es gab keine Sonne, aber es war sehr hell. Er konnte nicht ausmachen, wo das Licht herkam, denn es gab keinen Himmel, sondern nur eine Decke, die scheinbar aus Felsen bestand. Aber alles schien in Licht getaucht, jeder Winkel und jede Ecke war hell erleuchtet. Vögel sangen, es gab Bäume und Gras und Wind, ganz wie auf der richtigen Erde. Mataora erkannte: Dies mußte die Unterwelt sein.

In der Ferne sah er einen Mann auf dem Boden liegen, ein anderer beugte sich über ihn. Er ging zu ihnen hin und beobachtete sie. Der liegende Mann war jung und litt scheinbar große Schmerzen; der Mann, der sich über ihn beugte, war älter und hielt einen feinen Knochenmeißel in der Hand, mit dem er das Gesicht des jüngeren bearbeitete. Der Meißel schnitt schmale Hautstreifen aus dem Gesicht des jungen Mannes, und aus der Wunde strömte das Blut, doch der junge Mann gab keinen Laut von sich. Mataora beobachtete diese Folter und konnte nicht verstehen, was hier geschah.

Von Zeit zu Zeit legte der Mann mit dem Meißel eine kurze Pause ein, um dem jüngeren etwas Ruhe zu gönnen. Mataora schaute die beiden Männer an, aber sie sprachen kein Wort.

„Ich bin Mataora", sagte er.

„Ich bin Ue-tonga,", antwortete der ältere Mann.

Und dann schwiegen sie wieder. Es gab nichts weiter zu sagen. Mataora blieb eine ganze Weile sitzen und beobachtete das Kunstwerk, das der Mann mit dem Meißel in das Gesicht des anderen schnitt. Schließlich fragte er:

„Was tust du da? Wird das Gesicht je wieder heilen?"

Ue-tonga erwiderte: Gewiß. Auf diese Art und Weise machen wir das Moko, das ist unsere Form von Tätowierung."

„Nein!" sagte Mataora. „Meine Tätowierung ist das echte Moko, und es ist nur mit Farben aufgetragen. Schau her!"

Ue-tonga lehnte sich vor, berührte Mataoras Gesicht und wischte mit einem Streich seine Tätowierung ab. Mataora schrie: „Nein! Was hast du mit meiner Tätowierung gemacht? Jetzt mußt du sie wieder neu auftragen!"

Plötzlich hörte er Gelächter, das Lachen der jungen Frauen, und einen Moment lang glaubte er, er sei wieder in seiner Hütte und träumte von einem tödlichen Kampf. Er sah sich um, und sie waren alle da, dieselben Gesichter, dieselben hellhäutigen, blonden Frauen. Er suchte nach Niwareka, sah sie aber nicht. Wo konnte sie nur sein?

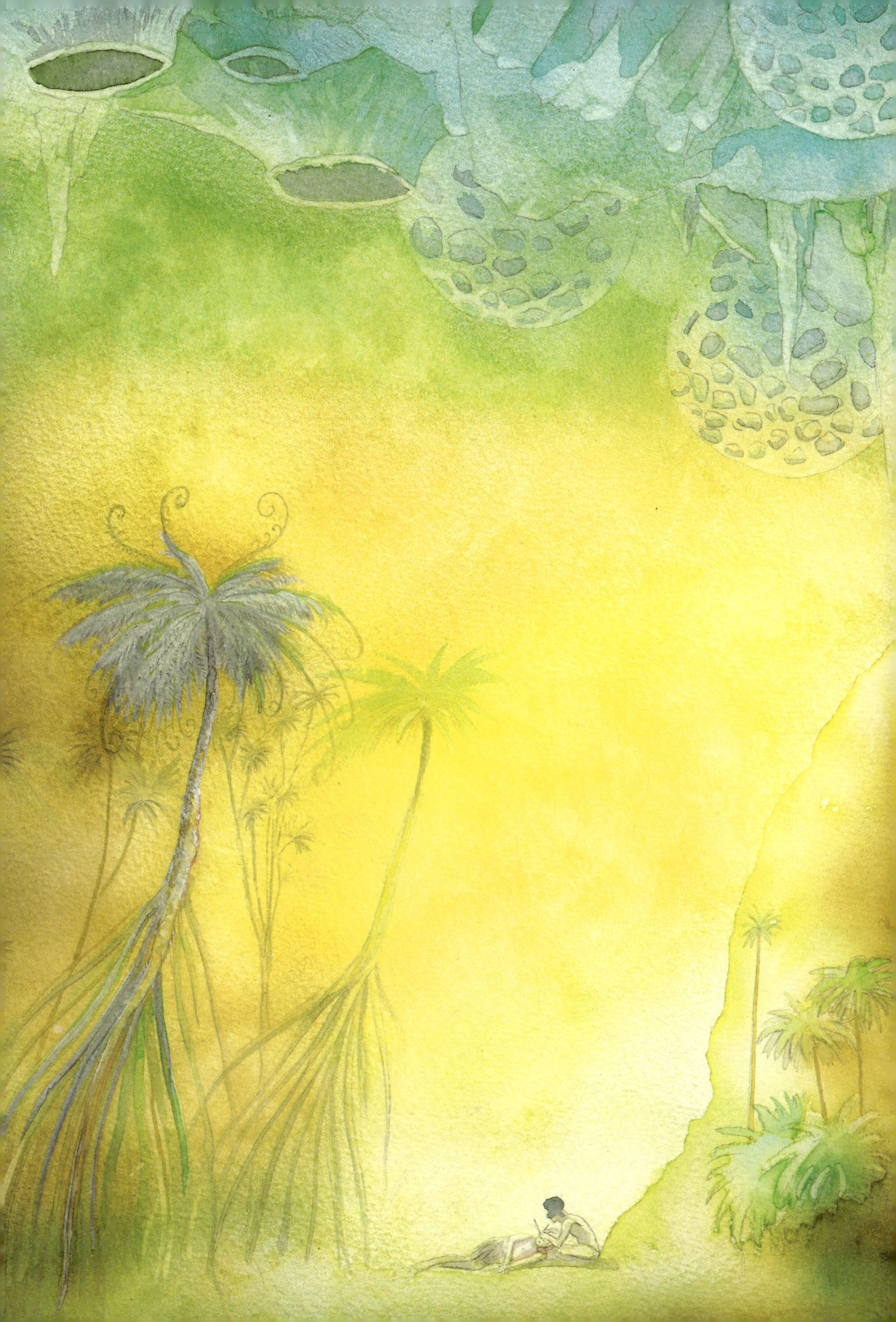

Ue-tonga, der für heute mit dem jungen Mann fertig war, sagte:

„Dein Moko ist nutzlos, es nur aufgemalt. Jetzt werde ich das echte Moko auf dein Gesicht auftragen."

Also legte Mataora sich hin, und Ue-tonga zeichnete mit einem Stück Kohle das Muster für Mataoras Moko auf sein Gesicht. Mataora schloß die Augen und wartete. Er wußte, daß es sehr schmerzhaft werden würde. Ue-tonga begann mit der Arbeit, und die Schmerzen waren fürchterlich. Mataora spürte, wie das Blut aus den Wunden auf seinen Körper tropfte, aber er wußte, daß er tapfer sein mußte, wenn er sein Moko wieder haben wollte. Er wußte, daß er die Qualen möglichst lange erdulden mußte, denn dieses neue Moko war etwas Besonderes – es würde für den Rest seines Lebens in seinem Gesicht bleiben.

Ue-tonga war ein großer Meister jenes Moko, das er nun für und an Mataora schuf. Die feinen Muster, Schnörkel und Spiralen, mit denen er die Gesichter von Kriegern schmückte, ließen sie gleichzeitig furchterregend und schön aussehen.

Während Mataora so dalag, hörte er nichts als das leichte Klopfen des Meißels, der langsam über sein Gesicht wanderte. Und er dachte nur noch an

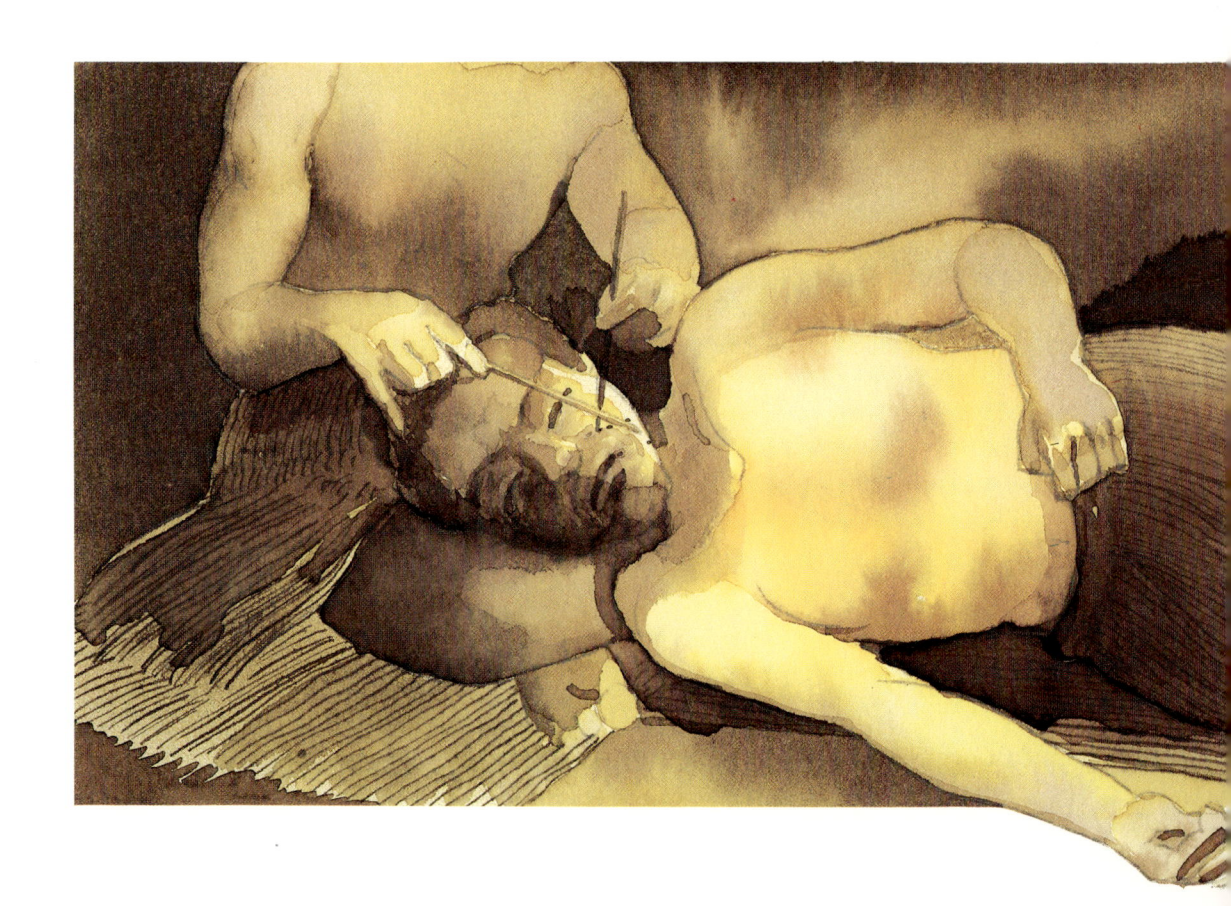

Niwareka, und daß er sie rufen wollte, in der Hoffnung, sie werde ihn hören. Und so rief er ihren Namen, immer und immer wieder, und der Wind trug seinen Stimme durch die Unterwelt.

Eine jüngere Schwester von Niwareka hörte den Ruf und rannte los, um nachzusehen, woher er kam. Sie lief zu ihrer Schwester und sagte:

„Da liegt jemand auf den Boden bei unserem Vater Ue-tonga, und er ruft deinen Namen. Er wird gerade tätowiert, und er scheint dich zu kennen."

Niwareka lief geradewegs zu ihrem Vater, und sie sah einen jungen Mann dort liegen. Und obwohl sie sein Gesicht nicht erkennen konnte, weil es ganz verschwollen und blutverkrustet war, so glaubte sie doch den Körper zu erkennen. Und Mataora, der für diesen Tag genug vom Tätowieren hatte, stand auf. Seine Augen waren so zugeschwollen, daß er Niwareka nicht sehen konnte, und so rief er weiter ihren Namen.

Sie stand vor ihm und sagte leise: „Mataora, du bist es, nicht wahr?"

Mataora erkannte ihre Stimme. Er streckte seine Arme aus, und sie wußte, daß es wirklich ihr Ehemann war. Sie umarmten sich und vergossen viele Tränen vor Freude darüber, daß sie sich wiederhatten.

Als die Tätowierungen fertig und die Wunden verheilt waren, sagte

Mataora zu Niwareka: „Laß uns jetzt wieder zur Oberwelt hinaufgehen. Wir müssen Rarohenga verlassen."

Aber Niwareka starrte ihn nur an. Dann wich sie ein paar Schritte vor ihm zurück und sagte: „Nein. Ich glaube, ich werde hier bleiben."

Sie hatte sich entschlossen, bei ihrem Volk zu bleiben, wo sie sich sicher fühlte. Aber Mataora flehte sie an, mit ihm zu kommen. Schließlich einigten sie sich darauf, Ue-tongas Rat einzuholen.

Ue-tonga blieb hart: „Nein, Mataora, du mußt zurück in deine eigene Welt. Niwareka wird hier bleiben."

Dann blickte er seinen Schwiegersohn streng an und sagte: „Ich habe gehört, daß Ehefrauen in der Oberwelt manchmal von ihren Männern geschlagen werden!"

Mataora wurde rot vor Scham und schwieg.

„Du mußt nun gehen, Mataora", fuhr Ue-tonga fort, „Niwareka will nicht noch einmal von dir angegriffen werden."

Aber Mataora war nicht jemand, der schnell aufgab. Er gab Ue-tonga sein Wort: „Ich verspreche, daß ich nie wieder handgreiflich werden oder meine Geduld verlieren und Niwareka jemals wieder schlagen werde. Ich werde nach den guten und sanften Regeln von Rarohenga leben."

Diesmal war Ue-tonga überzeugt, daß Mataora es ernst meinte.

„Ich glaube dir", sagte er. „Ich denke, daß du zu deinem Wort stehen wirst. Nimm meine schöne Tochter und kehre mit ihr in deine Oberwelt zurück. Da es aber ein Ort der Dunkelheit ist und Rarohenga ein Ort unendlicher Helligkeit, sollst du auch unser Licht mit in deine Welt nehmen!"

„Schau mein Gesicht an", erwiderte Mataora, „du hast mir die Muster und Zeichen der Unterwelt eingekerbt, und ich werde diese mit in meine Welt nehmen. Ich verspreche, daß ich alle wunderbaren Güter eurer Unterwelt mitnehmen und sorgsam darauf achten werde – euer Moko, euren friedfertigen Lebensstil und deine Niwareka."

Mit diesen Worten brachen Mataora und Niwareka auf. Sie erreichten den Eingang zum Tunnel, der zur Oberwelt führte. Dort wartete die Pfautaube:

„Ihr werdet jemanden brauchen, der euch den Weg zeigt", sagte sie, „weil ich euch hier verlassen muß. Nehmt also Popoia, die Eule, und Peka, die Fledermaus, mit euch."

Mataora erwiderte: „Wenn wir sie mitnehmen, werden sie von allen Waldtieren meiner Welt gejagt werden."

„Nein, sie werden sicher überleben. Sie werden sich im Schutz der nächtlichen Dunkelheit verbergen", sagte die Pfautaube.

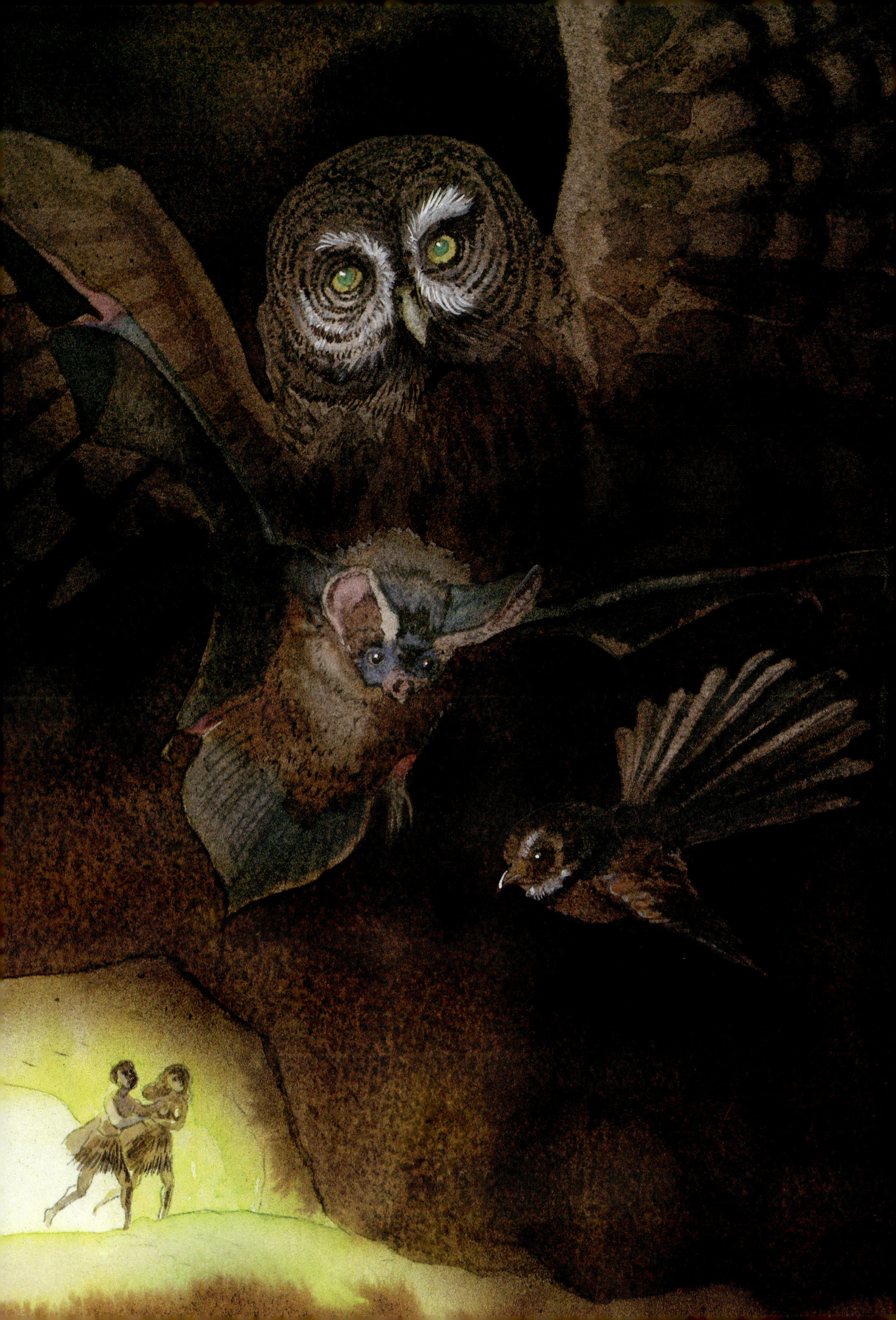

Also nahmen Mataora und Niwareka Popoia und Peka mit, die ihnen den Weg zurück durch den dunklen Gang wiesen. Und in der Oberwelt wurden sie zu Nachtvögeln, genau wie die Pfautaube prophezeit hatte.

Als sie zum Haus der Vier Winde kamen, wartete der Wächter schon auf sie.

„Was hast du da in dem Beutel, den du bei dir trägst?" fragte er Niwareka.

Niwareka wirkte nervös. Dann sagte sie: „Ach, das ist nichts. Es sind nur Kleider, die ich in der Oberwelt anziehen will."

Der Wächter runzelte die Stirn, denn er wußte, daß in dem Bündel etwas Verbotenes versteckt war, etwas, das Rarohenga nie hätte verlassen dürfen.

„Du hast versucht, etwas in die Oberwelt mitzunehmen, was unserer Unterwelt gehört", sagte er streng. „Deshalb werde ich niemandem mehr gestatten, von Rarohenga in die Oberwelt zu reisen. Dieser Weg wird geschlossen, und von heute an dürfen nur noch die Seelen der Toten hier vorbei nach Rarohenga. Du hast da das Gewand von Te Rangi-haupapa. Zeig es mir!"

„Du hast recht", gab Niwareka zu, denn sie hatte den Stoff in der Hoffnung mitgebracht, ihn als Muster für die Umhänge der Frauen in der Oberwelt benutzen zu können. Widerwillig legte sie das Bündel in die Hände des Wächters, und er öffnete es. Die Farben des Gewands waren bestechend schön, und als er es hochhielt, schimmerte und glänzte der Stoff wundervoll. Niwareka war sehr enttäuscht, daß sie ihn nicht behalten konnte.

Dann gingen Mataora und Niwareka weiter ihren Weg, und sie lebten glücklich für den Rest ihres Lebens. Mataora gab die Kunst und die Technik des Moko weiter, und Niwareka lehrte ihre Töchter die Muster und Farben der schönen Röcke und Zeremonien-Gewänder der Unterwelt. Und diese Fähigkeiten wurden von einer Generation auf die andere weitergereicht.

Legenden über Seen, Flüsse und Bäume

Der verzauberte Jagdgrund

Vor langer, langer Zeit da lag in der Nähe eines wunderschönen Sees namens Waikaremoana ein zweiter, wesentlich kleinerer See, der verzaubert war. Um ihn herum standen hohe Bäume, in denen farbenprächtige Vögel aller Art lebten. Es war das perfekte Jagdrevier, und obwohl dort zahlreiche Vogeljagden abgehalten wurden, gab es doch stets mehr als genug Vögel.

Nun pflegte ein bestimmter Häuptling, der das Jagdrecht für diesen verzauberten Ort hatte, seine Frau zu den Jagdausflügen mitzunehmen. Bevor sie aufbrachen, ermahnte er sie jedesmal, daß sie keinesfalls vor ihm gehen und dabei irgendwelche Speisen tragen dürfe, da dies den verzauberten See beleidigen könnte.

Viele Jahre lang jagte der Häuptling gerne und erfolgreich rund um den See, bis eines schönen Tages seine Frau, die ein wenig vergeßlich geworden war, plötzlich den Weg ihres Mannes kreuzte und dabei Nahrungsmittel in der Hand hatte. Im selben Moment erinnerte sie sich seiner Worte, eilte sofort zurück und ging wieder hinter ihm.

Sie kamen nach Hause und hofften, daß die Götter ihre Nachlässigkeit nicht bemerkt hätten. Das nächste Mal jedoch, als der Häuptling auf die Jagd gehen wollte, suchte er den See vergebens.

Die Bäume des Waldes

Es war ein traumhaft schöner, sonniger Tag, und die Bäume hatten sich im Wald versammelt, um darüber abzustimmen, wer von ihnen sich am höchsten strecken könne. Die Unterhaltung artete jedoch bald in Streiterei aus, und die Stimme des Totara übertönte alle anderen.

„Ich werde der König des Waldes!" prahlte er. „Ich werde euch zeigen, daß ich der größte bin, und ihr alle werdet euch vor mir verneigen."

Der Rimu-Baum lachte nur: „*Ich* werde der König des Waldes sein!"

Und in dieser Art ging es weiter. Der Rata prahlte, er könne sich am weitesten nach oben strecken, und der Tawa behauptete von sich das gleiche.

Da wurde der Totara ungeduldig: „Seht her. Ich kann bis zum Vater Himmel hinaufreichen!"

Bei diesen Worten hörte man ein knarrendes, knarzendes Geräusch, der Totara dehnte und streckte sich. Aber so sehr er sich auch anstrengte, er konnte den Himmel nicht erreichen, und als er dies merkte, stöhnte er vor Scham und Enttäuschung. Dieses Stöhnen entsprach genau jenem Ton, den man heute hört, wenn ein Stück Totara-Holz im Feuer verbrennt.

Der Wald war erfüllt von knarzenden und krachenden Geräuschen, denn die anderen Bäume versuchten nun gleichfalls, den Himmel zu berühren.

Der Totara aber schämte sich am meisten, weil er am lautesten geprahlt hatte. Und so zog er sich tief ins Waldesinnere zurück, wo er sich zwischen anderen Bäumen verstecken konnte. Nie mehr zeigte er sein einstmals so stolzes Antlitz.

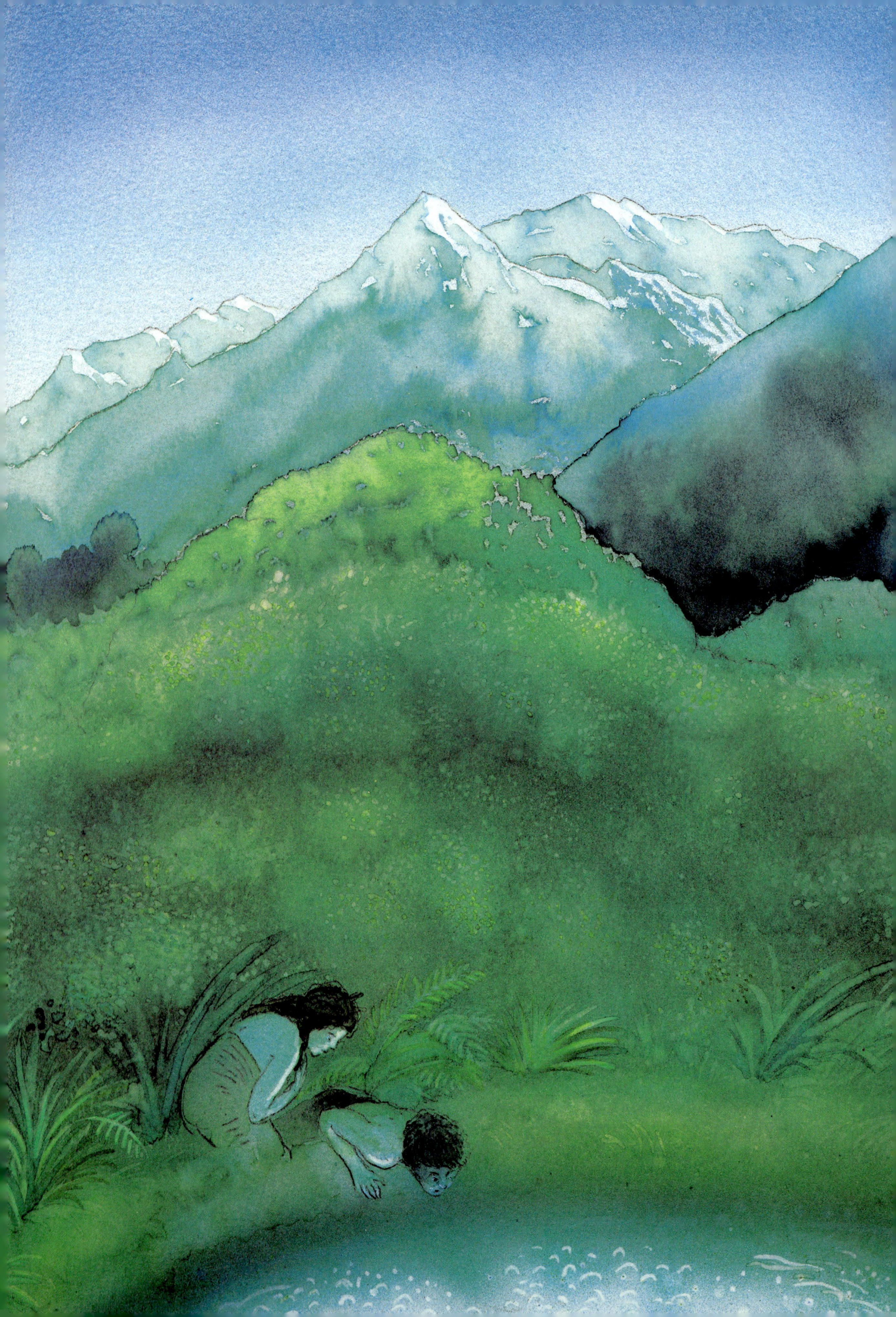

Der See Te Anau

Hoch oben in den Bergen, am südwestlichen Ende der Südinsel, liegt der See Te Anau. Früher gab es hier keinen See, sondern nur eine lange und tiefe Schlucht. Hier hatten sich einige Leute vom Stamm der Waitaha angesiedelt.

In der Mitte ihres Dorfes war eine Zauberquelle, die unendlich tief gewesen sein soll. Nur Te Horo, der Tohunga, und seine Frau, die beide zu Hütern der Quelle ernannt worden waren, durften sich ihr nähern. Diese Regelung wurde deshalb so sorgfältig beachtet, weil das Volk glaubte, daß das ganze Dorf vom Unglück heimgesucht werden würde, sobald ein gewöhnlicher Mensch in das Wasser der Quelle blicke. Die Dorfbewohner fürchteten sich derart vor einer möglichen Katastrophe, daß sie ihren Blick von allem abwandten, was auch nur in der Nähe der Quelle lag, sogar von den Büschen, die sie umgaben. Te Horo ging gewöhnlich allein hin und fing genug Fische, um das ganze Dorf zu ernähren.

Eines Tages kam ein Bote ins Dorf gerannt. Er brachte eine traurige Botschaft: Zwischen einigen Stämmen an der Küste war Krieg ausgebrochen. In der Befürchtung, daß mehrere seiner Freunde davon betroffen seien, beschloß Te Horo nachzusehen, ob er nicht helfen könne Frieden zu stiften. Nachdem er also die Leute seines Stammes um Rat gefragt hatte, machte er sich am folgenden Tag auf den Weg, aber nicht ohne seine Frau eindringlich ermahnt zu haben, niemanden in die Nähe der Quelle zu lassen, solange er fort war.

Die Gattin des Tohunga war jung und schön und ein bißchen leichtsinnig. Als sie sicher war, daß ihr Mann weg war, ging sie zu einem jungen Mann im Dorf, in den sie sich verliebt hatte. Wie zwei Kinder tobten die beiden durch die Gegend und fanden sich schließlich in Nähe der Zauberquelle wieder. Kichernd ermunterte sie ihn, doch hineinzublicken.

„Nur wenn du mitmachst", antwortete er.

Also lugten beide über den Rand – nur eine Sekunde lang, aber dieser Augenblick reichte, um die Katastrophe auszulösen. Starr vor Schreck mußten die beiden zusehen, wie der Wasserspiegel anstieg, den Rand des Brunnens erreichte, überfloß und schließlich das ganze Dorf überflutete.

Nun blickte Te Horo auf seinem Weg zur Küste zufällig zurück und erkannte, daß etwas Schreckliches passiert sein mußte. Er sah nichts als Wasser. Sein Dorf, sein Stamm, sein Tal – alles war in einer riesigen Flutwelle untergegangen.

Te Horo spürte, daß jemand im Dorf sein Vertrauen enttäuscht hatte, und daß dieses Unheil die Strafe der Götter war. Und er war sehr traurig, denn er wußte, daß er weder seine Frau noch sein Volk jemals wiedersehen würde.

Hotu-puku

Eines Tages machte sich eine kleine Gruppe von Leuten aus dem Dorf Taupo auf, um Freunde beim nördlich gelegenen Rotorua-See zu besuchen. Als sie nach einigen Tagen nicht zurückgekehrt waren, begannen ihre Angehörigen sich Sorgen zu machen. War ihnen etwas Furchtbares zugestoßen? Sie warteten noch einen weiteren Tag, aber auch der brachte keine Neuigkeiten. Also versammelten sich die Häuptlinge des Stammes im Zentrum des Dorfes, um darüber nachzudenken, was man nun tun solle. In eben diesem Moment sahen sie in einiger Entfernung ein paar Gestalten, die sich dem Dorf näherten. In der Hoffnung, es handle sich dabei um ihre überfälligen Freunde, liefen sie ihnen entgegen. Aber es waren nicht die Vermißten, sondern Besucher aus der Rotorua-Region. Die Häuptlinge fragten sie ohne Umschweife, ob sie irgend etwas von ihren Verwandten gehört hätten. Aber die Besucher waren ihnen unterwegs nicht begegnet.

Nun fürchteten die Häuptlinge das Schlimmste: Ihre Angehörigen waren sicherlich von einem unbekannten Feind angegriffen und eingesperrt worden. Sie riefen Krieger aus allen Nachbardörfern zu Hilfe, und zusammen zogen sie los. Sie nahmen den Weg über die Ebene, einen anderen als die Besucher aus Rotorua benutzt hatten.

Was diese tapferen Krieger nicht wußten, war jedoch, daß sie im Eilmarsch auf das Revier des schrecklichen Taniwha Hotu-puku zuliefen, der zuvor schon ihre Verwandten angegriffen und verschlungen hatte.

Es dauerte nicht lange, bis Hotu-puku das Menschenfleisch witterte. Plötzlich hörten die Krieger ein markerschütterndes Gebrüll und sahen einen riesigen schwarzen Leib, größer als den größten Walfisch. Sein ganzer Körper war voll von scheußlichen Stacheln und gräßlichen Beulen, und wie er den Berg herab auf sie zustürzte, peitschte er mit seinem langen, dornigen Schwanz. Während der Taniwha alles, was ihm in den Weg kam, rücksichtslos niedertrampelte, flohen die Krieger in höchster Eile. Aber nur die Schnellsten entkamen dem sicheren Tod.

Die wenigen Überlebenden schlugen sich weiter in Richtung Norden durch, bis sie ein Dorf in Rotorua erreichten. Dort versuchten sie, ihre grauenhaften Erlebnisse zu schildern. Die Rotorua-Krieger griffen sofort zu den Waffen, schworen dem Taniwha Rache und marschierten in Richtung Süden zu dem Berg, wo Hotu-pukus Höhle lag. In sicherer Entfernung davon machten sich daran, aus Blattwerk reißfeste Stricke zu fertigen.

Bei Einbruch der Dunkelheit erstiegen sie den Berg, wobei sie stets auf die Windrichtung achteten, damit der Taniwha ihren Geruch nicht in die

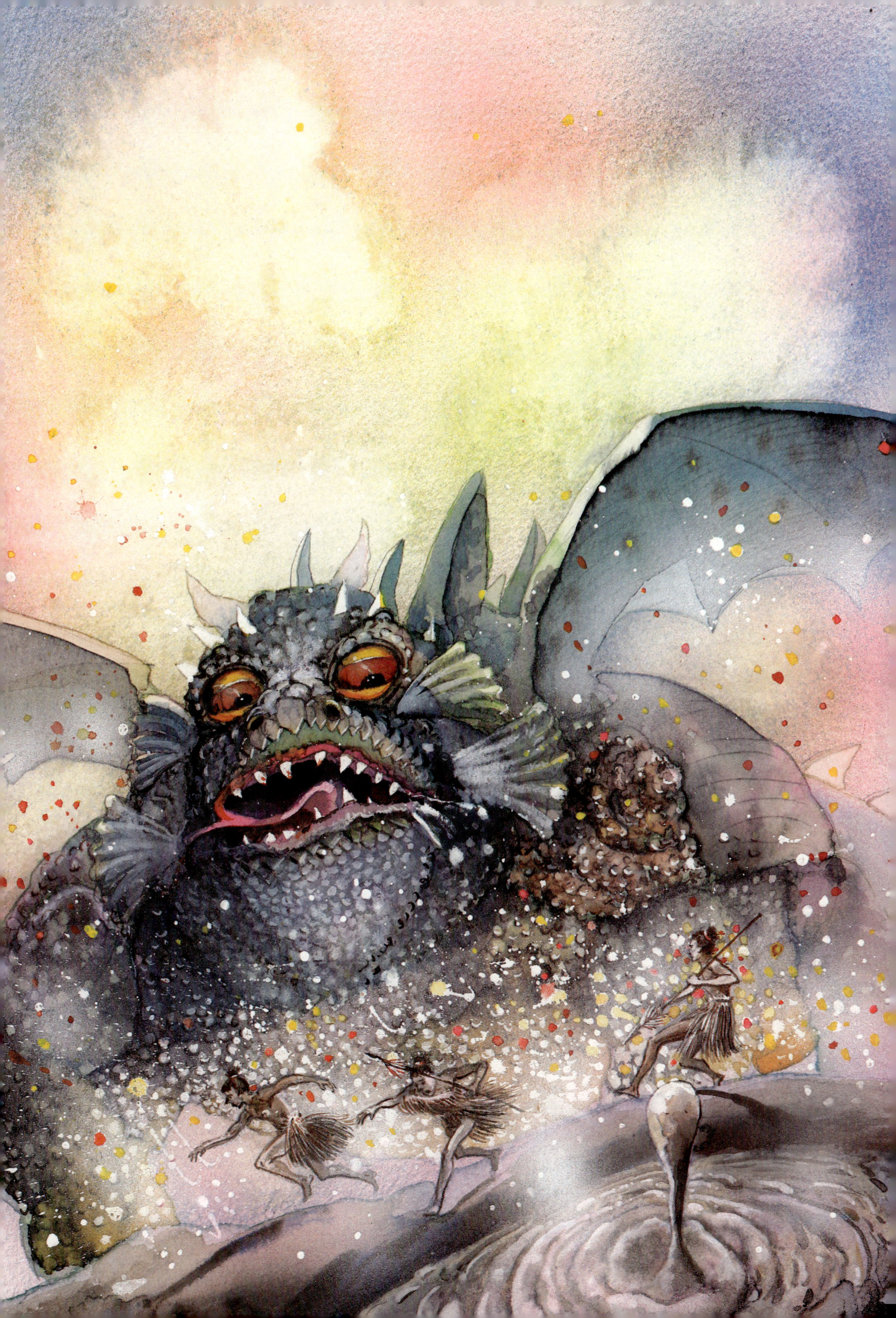

Nase bekommen konnte. Ein Stück vor seiner Höhle legten sie dann die Seile auf dem Boden zu einer Falle aus. Trotz der Finsternis konnten sie die Verwüstung nicht übersehen, die das Ungeheuer hier angerichtet hatte.

Nur die jüngsten und tapfersten Krieger durften zur Höhle selbst hinaufkriechen. Beim Näherkommen machte sie das laute Schnarchen des Taniwha halb taub. Plötzlich wurde das Schnarchen zu einem noch lauteren Geräusch, denn Hotu-puku, dem wieder der Duft von Menschenfleisch in die Nase gestiegen war, bewegte sich. Die jungen Krieger erschraken ganz schrecklich, als sie das riesige Ungeheuer mit seinen blutunterlaufenen Augen, den gefährlich aussehenden Stacheln und dem todbringenden Schwanz erblickten. Aber sie hielten sich tapfer, denn sie waren wild entschlossen, Hotu-puku in ihre Falle zu locken. Der Taniwha kam langsam aus seiner Höhle. Dabei war er so gierig, daß er die Seile, die ein Stück weiter bergab lagen, überhaupt nicht bemerkte. Als nun die Krieger vor seiner Nase den Berg hinunter rannten, öffnete er sein gräßliches Maul, aus dem schon der Geifer troff, und ging blindlings in die Falle. Augenblicklich waren sein Schwanz und ein Bein gefesselt, und als er sich daraus befreien wollte, schnitten die Stricke nur noch fester in sein Fleisch. Je stärker er zog, desto stärker zogen auch die Männer am anderen Ende des Stricks. Sie hatten die Seile so fest geknüpft, daß trotz Hotu-pukus Körpergewicht und seiner unglaublichen Kraft kein einziges riß. Immer mehr Stricke fesselten das Untier an den Boden.

Die Stammesältesten waren über das Massaker, das Hotu-puku unter ihren Freunden angerichtet hatte, derart erzürnt, daß sie trotz ihres Alters die ersten sein wollten, die den Taniwha schlugen. Der Älteste zog also seine Waffen und versetzte dem Taniwha einen mächtigen Hieb quer über das Gesicht. Ihm folgte einer der jüngeren Krieger, die das Monster so unerschrocken aus seinem Bau gelockt hatten. Dann rückten die restlichen Krieger vor und schlugen auf den Taniwha ein, bis dieser tot war.

Nun schritten die Männer um den massigen Leib, dessen enorme Größe sie noch immer entsetzte. Dann schnitten sie mit ihren scharfen Messern und Schwertern, die aus Haifischzähnen gefertigt waren, durch die Fettschicht und entdeckten zu ihrem größten Entsetzen zermalmte Gliedmaßen, Waffen und zerfetzte Kleidungsstücke.

Sie sammelten die restlichen Gebeine ein und begruben die Körper ihrer Freunde. Als Zeichen ihrer Verachtung für Hotu-puku kochten sie sodann einen Teil seines Fleisches und verzehrten ihn. Nun erst war ihre Rachsucht gestillt.

Putawai

Diese Geschichte berichtet von dem jungen Maori-Krieger Wetenga, der von einem Wairua, einem Geist, gefangengenommen und als Köder benutzt wird, um seine Braut Putawai zu fangen.

Die Maori glauben, daß ein Sterblicher, der das Reich der Geister betreten hat, nie wieder zurückkehren kann. Deshalb fürchtete Wetenga auch, daß er Putawai nie wiedersehen würde, wenn sie erst einmal in der Geisterwelt sei.

Wetenga war ein junger Krieger. Eines Tages wollte er mit einigen Freunden in den Wald gehen, um etwas Wild für das Abendessen zu jagen. Sie hatten einen bestimmten Ruf vereinbart, mit dem sie untereinander Verbindung halten wollten. Dies ging eine Zeitlang recht gut, aber dann war Wetenga auf einmal so in die Jagd vertieft, daß er außer Rufweite geriet.

Er jagte noch ein paar Stunden weiter, und obwohl er ganz allein war, machte er sich doch keine Sorgen, denn der ganze Stamm wußte ja, wo er sich aufhielt. Er wollte sich gerade auf die Suche nach dem Pfad machen, der in sein Dorf zurückführte, als er in einiger Entfernung das Geräusch brechender Äste und lautes Rufen hörte. Unerwartet tauchte ein großer Mann vor ihm aus den Büschen auf und fragte Wetenga, wer er sei.

Wetenga sagte ihm seinen Namen und was er hier tat. Er erklärte, daß er den Rückweg zu seinen Freunden suche.

„Mach dir keine Sorgen", sagte der Fremde. „Ich werde dir den Weg zeigen."

Mit diesen Worten setzte er sich zielsicher in Bewegung, und Wetenga glaubte diesem Fremden folgen zu dürfen.

So marschierten sie Stunde um Stunde. Allmählich bekam Wetenga das Gefühl, daß etwas nicht stimme, daß er im Kreis geführt werde. Vielleicht hat sich der Fremde verlaufen, dachte er.

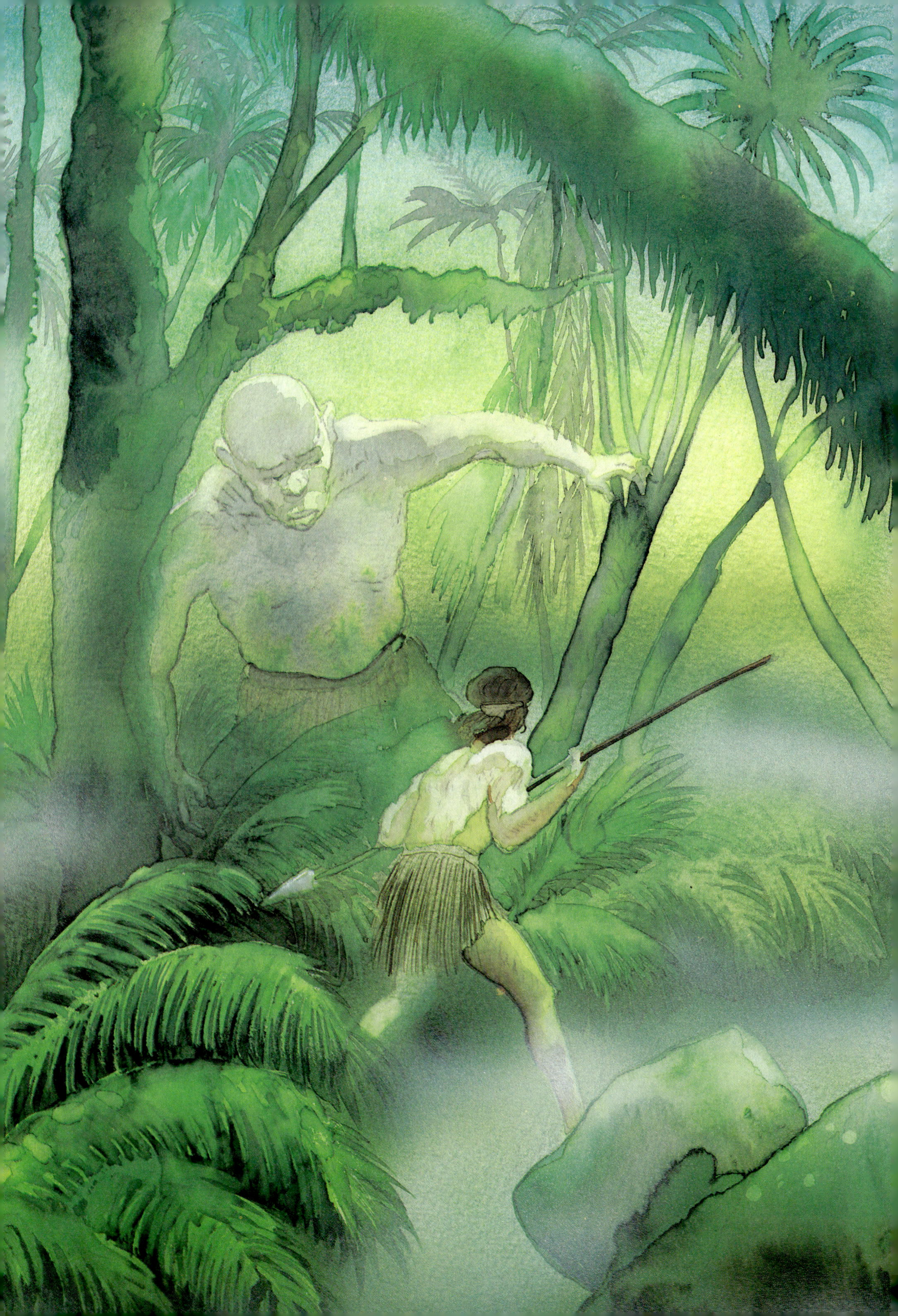

Da er zuvor schon viele Stunden lang auf der Jagd zugebracht hatte, ließen Wetengas Kräfte langsam nach. Der Fremde aber behielt seinen Schritt bei, ja, er schien immer größer und stärker zu werden. Schließlich stolperte Wetenga vor Erschöpfung über die Wurzeln eines Baumes und stürzte, wobei er sich im Fallen fast das Genick brach.

Der Fremde lachte nur und sagte: „Siehst du, du bist gar nicht so stark! Was für ein jämmerlicher Krieger!"

Dann packte er Wetenga, der auf dem Boden lag, und fesselte ihn.

„Du Dummkopf hast mir, Hiri-toto, vertraut. Ich bin ein Wairua, und ich bekomme langsam Appetit auf ein ordentliches Mahl aus jungen Frauen. Die Frauen aus deinem Stamm eignen sich bestimmt hervorragend dafür, und du bist ein guter Köder."

Wetenga erkannte, daß er in die Falle getappt war, und die Farbe wich aus seinem Gesicht, als er daran dachte, daß seine über alles geliebte, wunderschöne Putawai sich in großer Gefahr befand, denn sobald sie erfuhr, daß er vermißt wurde, würde sie sich sicherlich auf die Suche nach ihm machen.

Während der böse Wairua ihn zu seiner Höhle zog, fühlte Wetenga sich sehr hilflos. Dort angekommen, band Hiri-toto sein Opfer mit Weinreben an einen Baum und ließ ihn dann allein.

Als die Jäger ohne Wetenga in ihr Dorf zurückkehrten, kam Putawai angerannt und fragte, wo er sei.

„Mach dir keine Sorgen!" sagten sie. „Er ist noch auf der Jagd und wird bald nachkommen. Irgendwie wurden wir getrennt, aber Wetenga wird sicherlich auch allein zurückfinden. Ängstige dich also nicht!"

Aber Putawai machte sich Sorgen. Sie wußte, daß Wetenga sich im Wald auskannte, aber irgendein Gefühl sagte ihr, daß diesmal etwas nicht in Ordnung war.

Sie wartete mehrere Tage auf seine Rückkehr. Ein Tag folgte auf den anderen, aber er kam nicht wieder. Putawai konnte nicht länger warten und ging zum Häuptling.

„Da muß etwas passiert sein", sagte sie. „Es ist jetzt viele Tage her seit Wetenga verschwand, und er ist nicht zurückgekehrt. Bitte, du mußt einen Suchtrupp losschicken, und ich werde mitgehen. Er könnte verletzt oder sogar bewußtlos sein, und vielleicht wird ihn der Klang meiner Stimme aufwecken."

Der Häuptling stimmte ihr zu, und ganz früh am folgenden Morgen brach ein Suchtrupp aus Dorfbewohnern in Begleitung von Putawai in den Wald auf. Sie suchten und suchten, aber ohne Erfolg. Dann legten sie eine Rast ein,

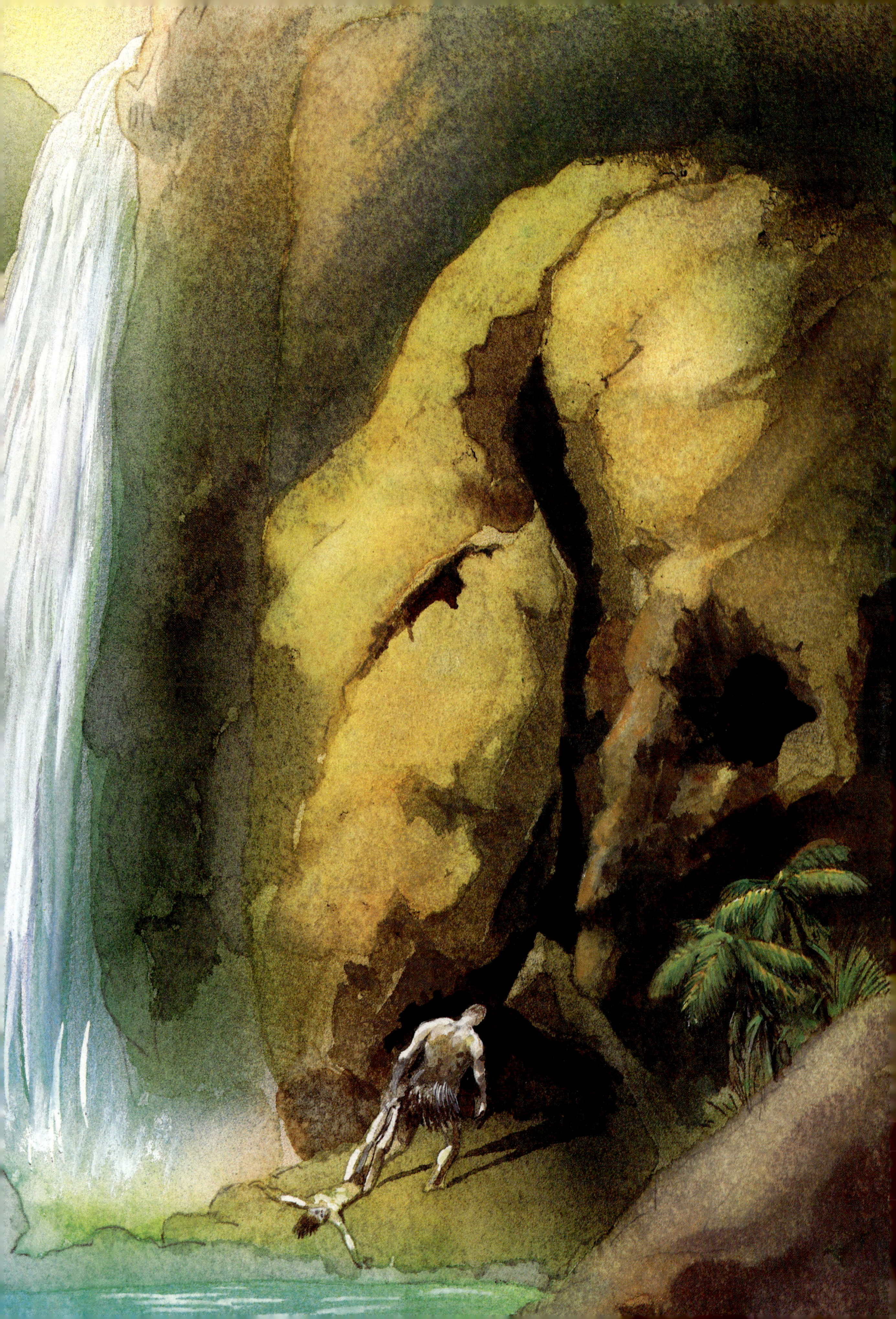

und Putawai entfernte sich etwas von den anderen und traf auf einen Fluß. Als sie sich zum Trinken hinabbeugte, hörte sie lautes Rufen. Sie blickte auf und sah die riesige, schattenhafte Figur Hiri-totos auf sich zukommen. Vor Angst war sie wie gelähmt.

„Ha!" brüllte er. „Da habe ich ja etwas gefunden!"

Mit diesen Worten warf er sie über seine Schulter und flog mit ihr über die Baumwipfel. Sie landeten in einem Tal, in der Nähe einer tiefen Grube. Durch diese stieg Hiri-toto mit Putawai, seiner sterblichen Beute, in die unterirdische Welt der Geister hinab.
Putawai, die ohnmächtig geworden war, als der Flug begann, kam plötzlich wieder zu sich und fürchtete sich sehr vor dem seltsamen, unnatürlichen Licht und den massenhaft herbeiströmenden Wairuas, die sich drängelten, um sie besser sehen zu können. Dann erkannte sie Hiri-totos Stimme.
„Nun, was haltet ihr von meinem jungen, schönen, fetten Täubchen? Paßt nur gut auf sie auf, denn ihr wißt ja, wie schwierig eine solche Beute zu fangen ist. Diese hier wird unser Abendessen krönen. Bewacht sie gut, während ich mich darum kümmere, daß der Ofen angeheizt wird."

Die arme Putawai konnte nicht aufhören zu zittern. Diese Unterwelt, diese Wairuas jagten ihr schreckliche Angst ein, und sie glaubte nicht mehr, Hiri-totos gräßlichem Festmahl entkommen zu können.

In diesem Moment kam ein anderer Wairua näher, stellte sich dicht neben Putawai und musterte sie voller Mitgefühl. Er hatte Hiri-toto viele schöne junge Frauen hierherbringen und töten sehen, und Putawai tat ihm sehr leid. Er wandte sich an die Wairuas, die sie bewachten und sagte: „Worauf wartet ihr noch? Geht und helft Hiri-toto. Er braucht Holzscheite und andere Sachen zur Vorbereitung des Festmahls."

Die Wairuas folgten seiner Anordnung, und als sie sich umdrehten, gab er Putawai ein Zeichen, daß sie sich nun in guten Händen befinde, aber still sein solle. Also verhielt sie sich ruhig, während die Wairuas zu Hiri-toto gingen, um ihm zu helfen. Dann flüsterte ihr Retter:

„Ich heiße Manoa. Ich habe für das, was Hiri-toto tut, nichts übrig. Ich mag es nicht, wie er uns die jungen Frauen essen läßt, die er gefangen hat. Wir könnten fliehen. Würdest du mit mir kommen? Ich werde dich sicher über die Bäume tragen, und du wirst in einem anderen Teil der Geisterwelt meine Frau werden."

Putawai war nicht sicher, ob sie die richtige Welt jemals wiedersehen würde, aber dies war wenigstens eine Chance, überhaupt am Leben zu bleiben. Die Wairuas würden bald zurückkehren, um sie für das Abendessen zu schlachten, also mußte sie sich schnell entscheiden.

„Ja", sagte sie. „Ich will mit dir kommen."

„Lege deine Arme um meinen Hals. Halte dich an mir fest, und wir werden durch die Bäume fliegen."

So machten sie es, und sie konnten entkommen und flogen eine beträchtliche Zeit, bis sie in der unterirdischen Heimat der Ngerengere landeten, die schrecklich entstellt waren.

Hiri-toto und seine Kumpane, die ihnen dicht auf den Fersen waren, fanden sie leicht und griffen sofort an. Die Ngerengere, die sehr schwach und gebrechlich waren, konnten die Flüchtlinge nicht schützen. Also schwang sich Manoa wieder mit Putawai in die Luft und flog diesmal direkt in sein unterweltliches Heimatdorf. Hiri-toto tobte vor Wut, als er entdeckte, daß Putawai von Manoas Stamm beschützt wurde und er nichts dagegen unternehmen konnte. Empört kehrte er um. Und Manoa und Putawai wurden Mann und Frau.

Einige Stunden nach Putawais Verschwinden wurde Wetenga von seinen Freunden entdeckt. Er war dem Tode nahe. Die Fesseln um Hand- und Fußgelenke hatte ihm tief ins Fleisch geschnitten, und er hatte tagelang nichts zu essen oder zu trinken bekommen.

Der Suchtrupp brachte ihn ins Dorf zurück, und man versuchte, ihn gesund zu pflegen. Wochenlang schwebte Wetenga zwischen Leben und Tod. Er träumte immer von Putawai, träumte, daß ihr etwas Entsetzliches zugestoßen sei. Erst als er wieder bei vollem Bewußtsein war, erkannte er die ganze Wahrheit: Putawai war in die Unterwelt entführt worden, wohin kein menschliches Wesen ihr folgen konnte, und war dort die Krönung eines Festmahls des bösen Wairua Hiri-toto geworden.

Langsam erholte sich Wetenga wieder und versuchte, seine Trauer zu überwinden. Eines Tages erblickte er eine fremde Frau in seinem Dorf. Er begrüßte sie und fragte sie nach ihrem Namen. Die Frau antwortete mit leiser, weicher Stimme: „Ich heiße Putawai."

Wetenga, der glaubte, den Namen falsch verstanden zu haben, fragte noch einmal.

Und wieder antwortete sie: „Ich heiße Putawai."

„Ich kannte einmal eine Putawai", sagte Wetenga. „Sie sollte meine Frau werden. Sie war meine große Liebe – wir liebten uns sehr. Aber sie wurde von einem Wairua aufgefressen."

Und Putawai sagte: „Nein, das wurde sie nicht. Ich bin es, ich bin zurückgekommen."

Wetenga war sprachlos. Er konnte nur stottern.

„Aber ich ... das ist nicht ... das kann nicht wahr sein. Du bist doch tot!"

„Bitte, nimm mich in deine Arme", sagte Putawai, „und halte mich fest. Dann wirst du wissen, daß ich wirklich da bin, daß ich dein bin, deine Putawai."

Aufgeregt streckte Wetenga seine Arme aus und zog sie an sich. Erst dann konnte er glauben, daß es wirklich seine Putawai war, die Putawai, von der er geglaubt hatte, sie für immer verloren zu haben.

Wetenga war außer sich vor Freude. Putawai war zurückgekehrt, zurückgekehrt aus der Wairua-Welt – ein Ding der Unmöglichkeit. Er fragte sie, ob sie ihn ohne weiteren Aufschub heiraten wolle, und sie sagte ja. Wetenga war der glücklichste Mann des ganzen Stammes.

Putawai jedoch hatte aus der Geisterwelt ein Geheimnis mitgebracht. An ihrem Hochzeitstag berichtete sie Wetenga, was ihr in der Unterwelt widerfahren war, aber sie erzählte ihm nicht die ganze Geschichte.

Eines Nachts erwachte Wetenga, weil er glaubte, ein Baby weinen gehört zu haben. Es war das Weinen eines sehr kleinen Babys. In der Dunkelheit faßte er neben sich und fühlte den Körper seiner Frau und neben ihr den eines Babys.

„Was ist passiert? Wo kommt das Baby her?" fragte er.

Und Putawai sagte: „Jetzt muß ich es dir erzählen. In der anderen Welt war ich für kurze Zeit mit einem Wairua verheiratet, und dies ist sein Kind. Ich kann es nicht länger verstecken."

Wetenga war sehr bekümmert als er dies hörte, denn er glaubte, daß er Putawai wieder verlieren werde, daß sie mit ihrem Kind in die Geisterwelt zurückkehren werde.

„Was geschieht mit dem Kind, wenn es hell wird?" fragte er.

„Hab keine Angst, Mann, das Kind ist ein Wairua und hat in unserer Welt keinen Platz. Manoa wird kurz vor der Morgendämmerung kommen und das Kind mitnehmen. Nur für die Stunden der Dunkelheit wird er es mir zurückbringen."

Nun war Wetenga nicht gerade glücklich bei dem Gedanken, daß jeden Morgen und jeden Abend ein Wairua sein Haus betreten werde. Er beschloß wach zu bleiben und auf Manoa zu warten. Dann würde er ihn töten.

Wetenga wartete mit einem Stock in der Hand, aber bei Tagesanbruch schlief er ein. Nacht für Nacht, Morgen für Morgen geschah das gleiche. Wetenga wurde immer betrübter, weil er nicht lange genug wach bleiben konnte, um Manoas habhaft zu werden. Schließlich erkannte er, daß ein Wairua-Zauberspruch der Grund dafür sein mußte, daß er immer kurz vor dem Morgengrauen einschlief. Aber er bereitete sich weiter jeden Abend auf einen Kampf mit Manoa vor, doch jedesmal überwältigte ihn vorher die Müdigkeit.

So vergingen viele Wochen, und eines Nachts fiel Wetenga auf, daß er das Baby nicht weinen gehört hatte. Er streckte seine Hand aus und fühlte nur Putawais Körper.

„Wo ist das Kind?" fragte er.

„Das Kind muß jetzt nicht mehr gestillt werden. Manoa hat es in sein richtiges Zuhause mitgenommen, wo es den Rest seines Lebens verbringen wird."

Wetenga fiel ein Stein vom Herzen. Der Wairua würde ihnen keine nächtlichen Besuche mehr abstatten. Putawai und er konnten ihr gemeinsames Leben nun wieder in Ruhe führen.

Die Liebe zwischen Wetenga und Putawai wuchs beständig, und alle Gedanken an den Wairua und an das, was zwischen ihnen geschehen war, schienen in Vergessenheit geraten. Beide erwähnten die fremde Geisterwelt der Wairuas nie wieder.

Rona und die Sage vom Mond

Es gibt zahlreiche Legenden über Himmelskörper, aber die beliebteste war und ist die Geschichte von der Frau im Mond. Sie berichtet von einer Frau namens Rona, die den Mondgott beleidigte. Um die Geschichte völlig zu verstehen, müßt ihr wissen, daß es etwas sehr Verwerfliches ist, einen Gott zu beschimpfen. Schlimmer noch: Das Wort, das Rona benutzte, lautete Pokokohua, „gekochter Kopf". Ronas Schicksal hat ein Sprichwort geprägt:
„Kia mahara ki te he o Rona" – *Denkt an Ronas schlimme Tat.*

Rona wurde von ihrem Mann und ihren Söhnen sehr geliebt, hatte aber zu ihrer aller Unglück ein recht heftiges Temperament. Von Zeit zu Zeit, und manchmal sogar grundlos, pflegte sie aufzubrausen, zu schreien und zu brüllen und dabei recht ausfallend zu werden. Ihr Ehemann war darüber sehr traurig, und obwohl er sie aufrichtig liebte, fühlte sogar er zuweilen das Bedürfnis sie zu verlassen.

Eines Nachts, es war Vollmond, sagte Ronas Mann, es sei eine gute Nacht zum Fischfang, und er werde mit seinen beiden Söhnen zu einer nicht weit entfernten Insel fahren. Sie würden dort fischen und erst am folgenden Abend zurückkehren.

Rona verabschiedete sich also von ihrem Mann und ihren Söhnen und machte es sich bequem, um auf ihre Rückkehr zu warten. Am nächsten Tag traf sie Vorbereitungen für das Essen. Schon frühzeitig zündete sie das Feuer an und legte Steine darüber. Bei Sonnenuntergang war es Zeit, Wasser auf die heißen Steine zu sprengen, die Zutaten darauf zu legen und das Ganze mit Blättern und Erde abzudecken. In diesem Moment hörte sie in einiger Entfernung schon den Gesang der Fischer auf dem Weg nach Hause.

Plötzlich fiel ihr ein, daß sie vergessen hatte, Wasser zu holen, und so eilte sie, in jeder Hand eine Kürbisflasche, den Pfad zum Brunnen hinunter. Inzwischen war es dunkel geworden, und während sie so rannte, ver-

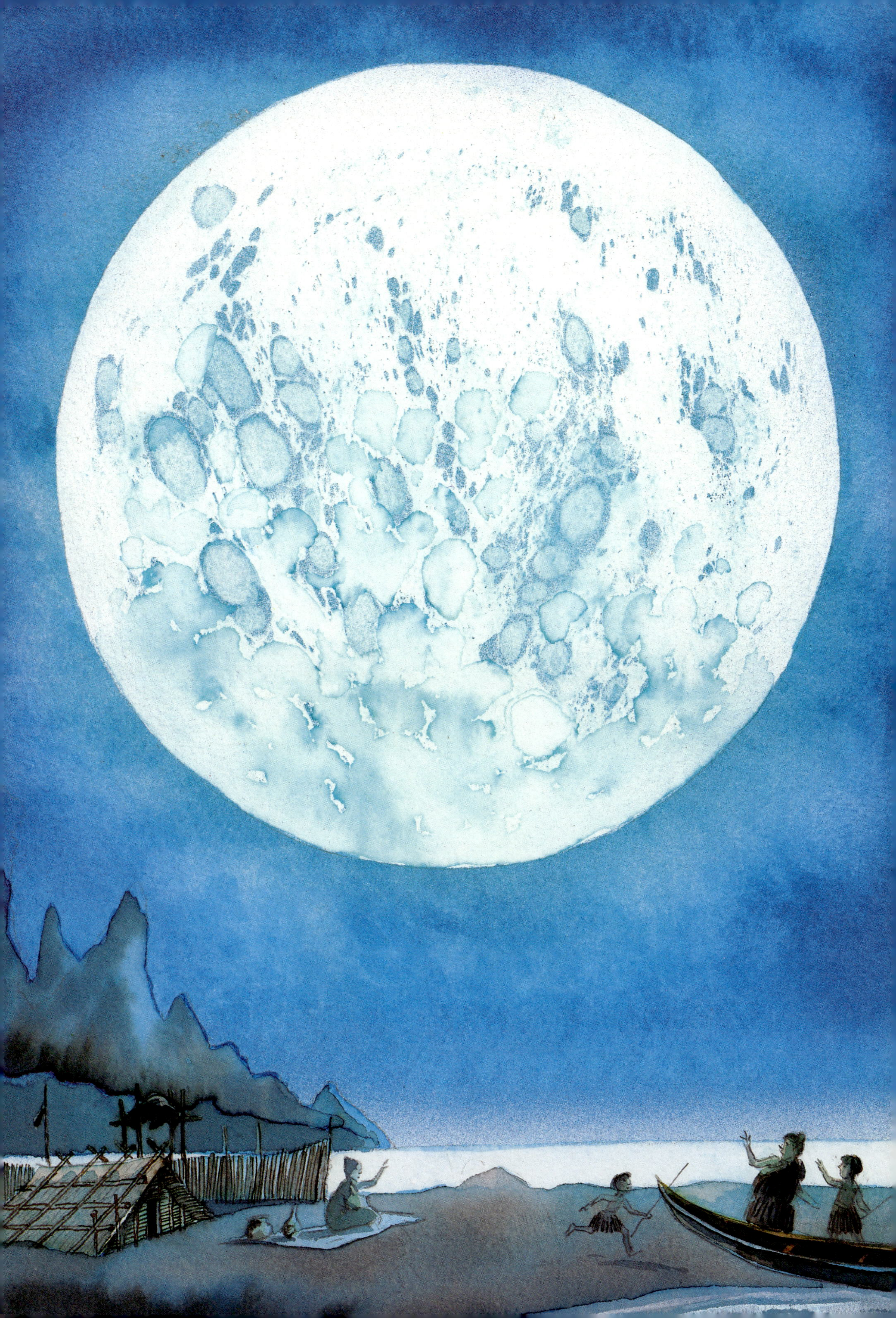

schwand der Mond hinter einer dunklen Wolke. Rona stolperte und fiel, stand aber gleich wieder auf und fand den Weg zum Brunnen, wo sie die Flaschen füllte.

Auf dem Rückweg war es noch immer stockdunkel, sie fiel erneut hin, und das Wasser ergoß sich auf den Boden. Aber sie hatte nicht nur das Wasser verschüttet, sondern auch ihr Knie böse aufgeschlagen. Schmerz und Zorn waren zuviel für sie, und sie verlor die Nerven: „Du hast dein Licht verlöschen lassen, wie kannst du es wagen!" beschimpfte sie den Mond. „Pokokohua! Pokokohua!"

Der Mond war normalerweise stets kühl und distanziert. Solch eine Beleidigung aber konnte er nicht auf sich sitzen lassen. Er fuhr herab und griff nach Rona in der Absicht, sie in den Himmel zu entführen. Rona aber bekam den Ast eines Ngaio-Baumes zu fassen und klammerte sich daran, als ginge es um ihr Leben. Der Mond war jedoch sehr stark, und da sich Rona an dem Baum festhielt, zog er solange, bis die Wurzeln des Baumes aus der Erde gerissen waren. Dann hob er Rona hoch in den Himmel und setzte sie auf seiner Oberfläche ab.

Als Ronas Mann und Söhne zurückkehrten, fanden sie die noch glühenden Steine, und die Zutaten lag neben dem Feuer. Von Rona aber war weit und breit keine Spur zu sehen. Erst als er zufällig zum Mond hinauf blickte und dort den Umriß einer einzelnen Frau ausmachte, die zwei Kürbisflaschen in Händen hielt, wurde Ronas Ehemann klar, daß sie einmal zu oft geflucht und geschrien hatte. Sein armes, heißköpfiges Weib würde dort bleiben und für den Rest seines Lebens mit dem Mond über den Himmel reisen müssen.

Hutu und Pare

Hutu war ein junger Krieger. Er sah außergewöhnlich gut aus und konnte vorzüglich mit Speer und Wurfpfeil umgehen. Eines Tages fand in einem Dorf eine große Versammlung statt, und bei dieser Gelegenheit nahm Hutu an einem Pfeilwurfwettbewerb teil. Im Verlauf des Wettkampfes wurde deutlich, daß Hutu als Sieger daraus hervorgehen würde. Verständlicherweise war er stolz auf seine Leistung, aber er hätte sich sicherlich noch mehr gefreut, wenn er gewußt hätte, daß er von einer wunderschönen Puhi namens Pare beobachtet wurde.

Da sie einer besonders vornehmen Familie entstammte, mußte sie sich vom Rest des Dorfes fernhalten. Sie war von vielen Dienern umgeben, die sorgfältig ausgewählt worden waren und sie beschützen sollten.

Von ihrem Haus aus beobachtete Pare nun Hutu und verliebte sich in diesen gutaussehenden jungen Fremden. Als sich der Wettkampf seinem Ende näherte, wurden die Darts, die die Form schlanker Pfeile hatten, mit wachsender Genauigkeit geworfen, und sie flogen immer weiter. Einer von Hutus Darts landete in unmittelbarer Nähe von Pares Haus.

Pare eilte heraus, hob ihn auf und rannte wieder in ihre Hütte zurück. Hutu hatte gesehen, daß sie seinen Dart genommen hatte, und wollte ihn nun zurückholen. Er folgte ihr bis zur Tür ihres Hauses und bat darum, den Dart wiederzubekommen. Sie sagte ihm, daß sie sich nur dann davon trennen würde, wenn er zu ihr ins Haus käme. Dies war der damaligen Sitte nach eine eindeutige Liebeserklärung. Hutu war sich dessen bewußt, weigerte sich aber, das Haus zu betreten: Er sagte, er hätte Angst, daß ihre Leute dann auf ihn losgehen würden.

Diese Antwort gefiel Pare verständlicherweise ganz und gar nicht. Zornig warf sie ihren Kopf zurück und sagte, daß ihre Leute tun würden, was sie ihnen befehle. Da erzählte Hutu ihr den wahren Grund für seine Ablehnung: Er hatte eine Frau und zwei Kinder, die er beschützen mußte.

Da Pare so abgeschirmt vom alltäglichen Dorfleben gelebt hatte, wußte sie nichts über die Liebe. Es war das erstemal, daß sie sich verliebt hatte, und sie wurde mit der Tatsache nicht fertig, daß Hutu sie zurückgewiesen hatte. Enttäuscht und voller Selbstmitleid ging sie zurück in ihr Haus, schloß sich ein und tötete sich.

Kurz nach Hutus Weggehen bemerkten Pares Diener, wie ruhig es im Haus geworden war. Als sie nach ihrer Herrin sehen wollten, mußten sie zu ihrem Schrecken feststellen, daß Pare tot war. Sie sahen auch, daß sie sich selbst getötet hatte. Da verwandelte sich ihr Schrecken in panische Angst, denn da sie ihre Pflicht, Pare zu beschützen, versäumt hatten, waren sie selbst in großer Gefahr, ihr Leben zu verlieren. Sie wußten, daß Hutu der letzte war, mit dem Pare gesprochen hatte; es würde einfach sein, ihm die Schuld in die Schuhe schieben.

Umgehend eilten sie zum Häuptling und überbrachten ihm die schreckliche Neuigkeit: Hutu habe sie getötet. Die Stammesältesten versammelten sich und beschlossen, daß Hutu sterben müsse.

Hutu beteuerte seine Unschuld, erklärte, daß er richtig gehandelt und ihr Haus gar nicht betreten habe. Aber die Ältesten wollten ihre Meinung nicht ändern. Hutu sollte hingerichtet werden.

Da äußerte Hutu eine letzte Bitte: „Könnte ich drei Tage Aufschub haben, um meine Götter anzurufen und mich auf den Tod vorzubereiten?"

Die Ältesten gewährten diese Stundung, ordneten aber an, daß Hutu in Einzelhaft gehalten werde.

Nun waren Hutu einige Gebete eingefallen, die die Priester seines Stammes am Totenbett eines Häuptlings zu singen pflegten. Obwohl er selbst kein Priester war, hoffte er, durch Wiederholung der wichtigsten und wirksamsten Sprüche seinen Geist von seinem Körper loslösen und sich so auf die Suche nach Pare machen zu können. Unter Einsatz all seiner Kräfte konzentrierte er sich auf die Gesänge, und tatsächlich trennten sich bald Körper und Geist. Während sein Körper leblos auf dem Boden zurückblieb, hob sich der Geist in die Lüfte und begann seine Reise in die Unterwelt.

Vorbei an den Wächtern der Unterwelt kam er schließlich zu dem Ort, wo die Seelen der Toten ihrer täglichen Arbeit nachgehen. Er erfuhr, daß Pare in das für sie vorbereitete Haus gegangen war, sich aber geweigert hatte, mit irgend jemandem zu sprechen. Hutu mußte einen Weg finden, Pare herauszulocken und mit ihr unversehrt in die Oberwelt zurückzukehren.

Zunächst sammelte er einige jüngere Geister um sich und sagte, er werde ihnen ein neues Spiel zeigen. Er nahm sie mit in den nahegelegenen Wald, wo sie mehrere hohe, gerade gewachsene Bäume fanden. Von einem schlugen sie die Äste ab und befestigten dann lange Seile an seiner Spitze. Mit Hilfe der anderen zog Hutu so fest daran, daß der Stamm in Bogenform gekrümmt wurde.

Als nächstes bat er die Geister, die Seile festzuhalten, während er und ein anderer Geist den Baumstamm hinaufkletterten. Als sie an der Spitze angekommen waren, rief er: "Jetzt laßt los!"

Sie ließen die Seile los, der Baum schnellte nach oben, und Hutu und sein Begleiter wurden in die Luft geschleudert. Unverletzt landeten sie in einiger Entfernung wieder auf dem Erdboden.

Die Geister waren ganz aufgeregt. Sie lachten und ließen Hutu lauthals hochleben. Diese Begeisterungsrufe lockten Pare aus ihrem Haus. Sie beobachtete wie die jungen Geister alle der Reihe nach auf den Baum kletterten, um das neue Spiel einmal auszuprobieren. Plötzlich traf ihr Blick Hutu, und sie lächelte. Sie ging zu ihm hin und sagte:

„Laß mich auch mitmachen. Ich möchte es gern versuchen, aber bitte komm mit mir. Laß mich nahe bei dir sitzen und mich an dir festhalten."

Hutu war hocherfreut, der erste Teil seines Planes war gelungen. Jetzt mußte er den zweiten in Angriff nehmen. Er bat noch einige andere Geister mitzumachen, so daß sie den Baum noch weiter herunterziehen konnten. Dann kletterten er und Pare hinauf, und als sie die Spitze erreicht hatten, rief er ihr zu, sie solle sich nur ja gut festhalten. Dann schrie er zu den Geistern hinunter: „Zieht fest! Noch fester, noch mehr!"

Sie zogen mit aller Kraft, bis die Spitze des Baumes fast den Boden berührte. Dann rief Hutu: „Jetzt!"

Die Geister ließen die Seile los, und der Baum schnellte mit solcher Wucht nach oben, daß Hutu und Pare hoch in das Dach des Unterwelt geschleudert wurden. Hutu griff nach den Wurzeln eines Baumes, der von seiner Welt herunterwuchs. Pare klammerte sich an seinen Hals, und sobald sie wieder halbwegs zu Atem gekommen waren, begannen sie zu klettern. Zusammen arbeiteten sie sich, die Wurzeln als Fußstützen benutzend, durch das Erdreich nach oben, bis sie die Oberfläche der Oberwelt erreichten. Sie blinzelten in die Sonne, schüttelten die Erde ab und gingen dann Hand in Hand durch den Wald zu Pares Dorf. Ohne daß es jemand bemerkte, stiegen die beiden Seelen dort wieder in ihre Körper.

Pare stand auf und ging durch das Dorf, damit jeder sie sehen konnte.

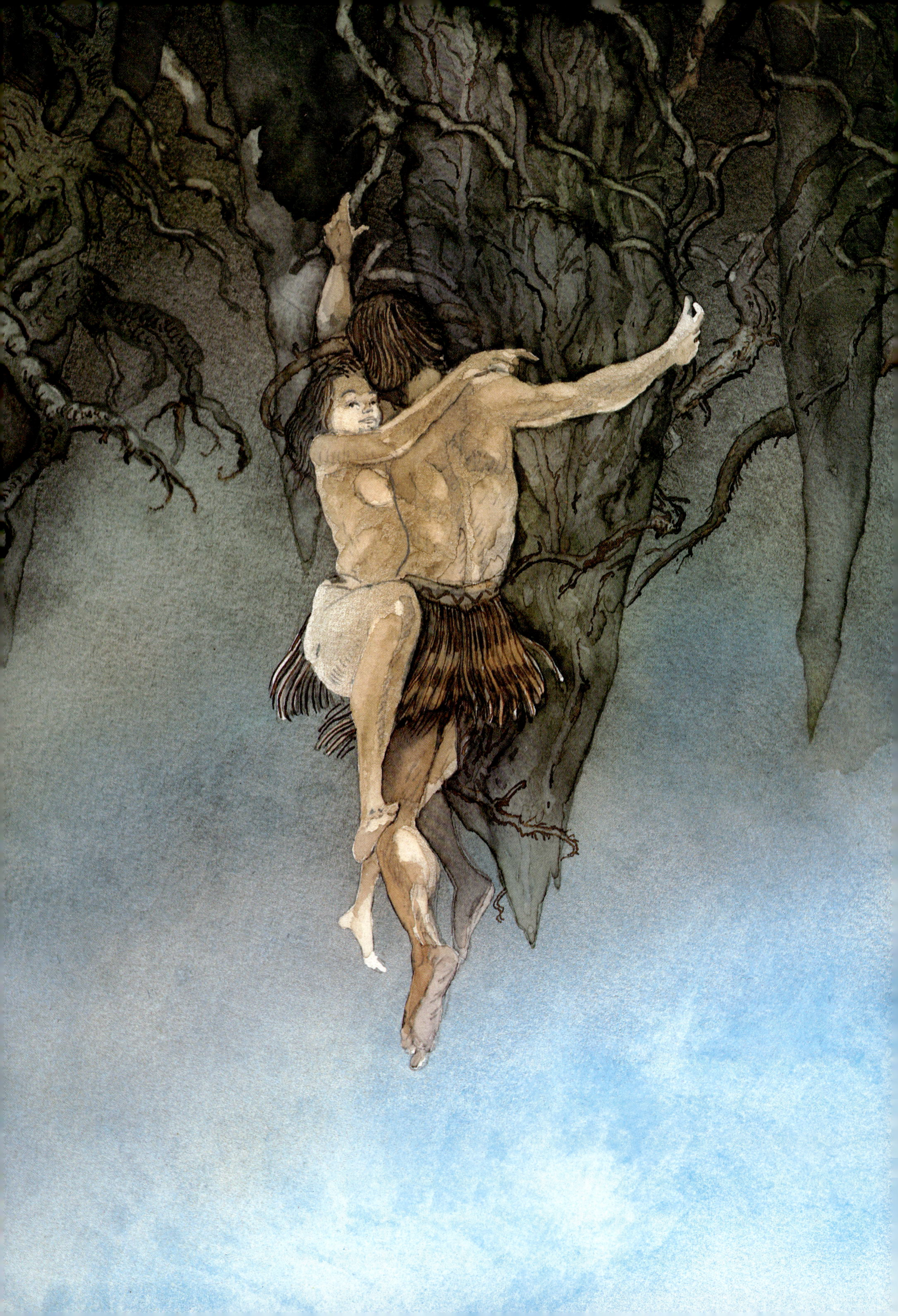

Großer Jubel brach aus, weil sie zurückgekehrt war. Hutu wurde sofort freigelassen und begnadigt und erhielt die Erlaubnis, zu seinem Stamm zurückzukehren.

Was dann weiter geschah, weiß niemand mit Sicherheit zu sagen. Es heißt jedoch, daß Hutu nach einer Weile zu Pare zurückkam, daß sie viele Kinder hatten, und daß Hutu mit zwei Ehefrauen lebte. Die Götter gaben ihren Segen dazu und schenkten ihm zahlreiche Kinder.

Von da an wurde Hutu Pare-hutu genannt, vielleicht deshalb, weil Hutu Pare ein zweites Leben geschenkt hatte.

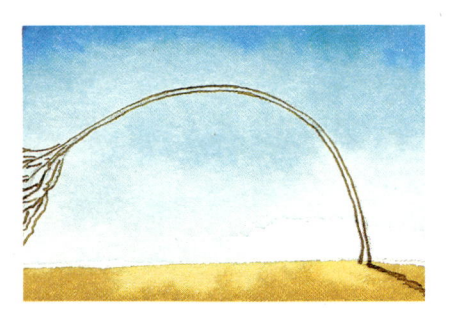

Drei kleine Vogel-Erzählungen

Die erste Legende erzählt von Toroa, dem Albatros, der über dem Meer seine einsamen Kreise zieht. Die zweite berichtet, wie Kaka, der große Papagei, zu seinem wunderschönen roten Gefieder kam. Und die dritte Legende schildert, wie Maui dem Rotkehlchen seine weiße Federkappe schenkte.

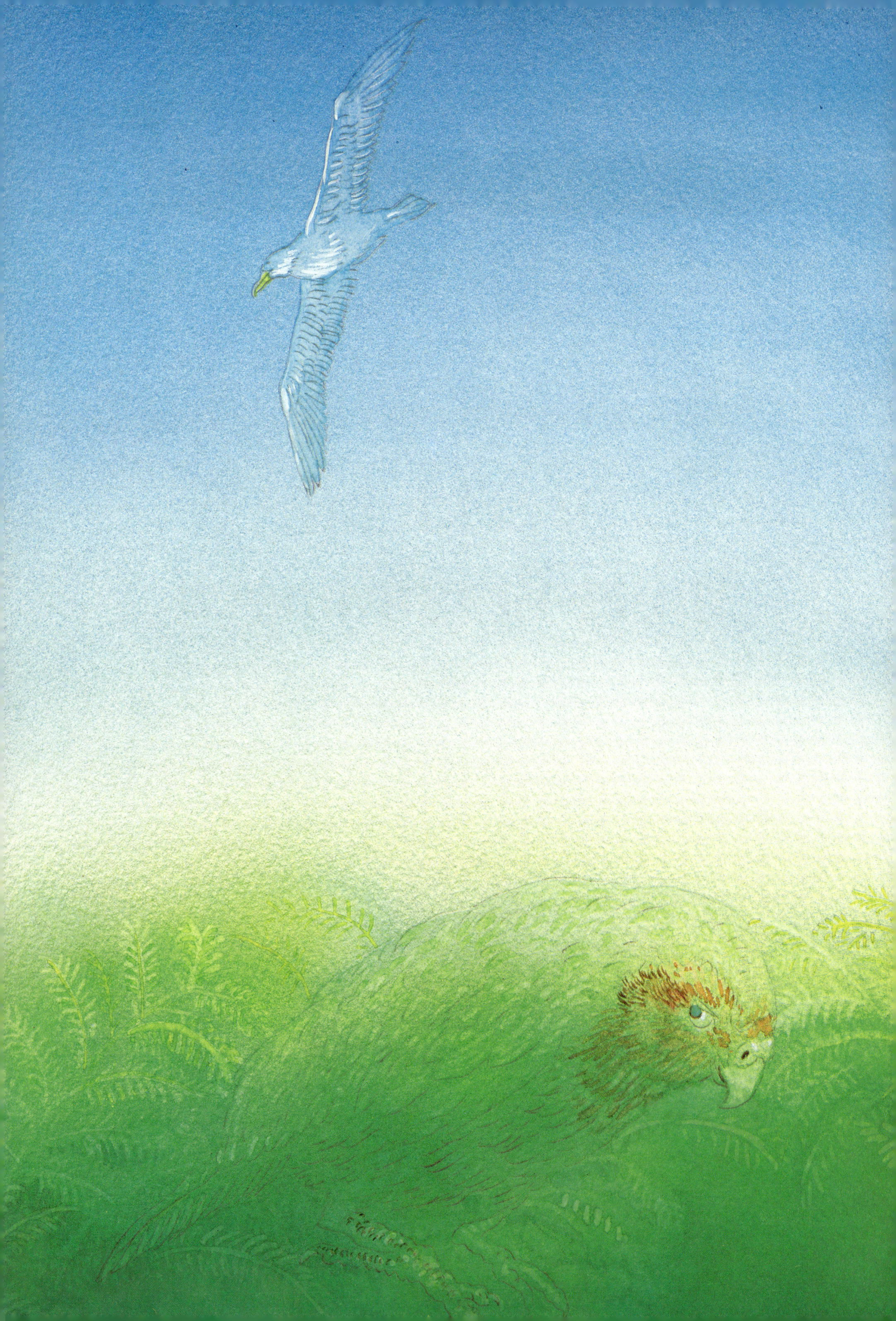

Der Bodenpapagei und der Albatros

Kakapo und Toroa stritten sich, wer von ihnen der vornehmere Vogel sei und somit Führer aller Vögel des Landes werden könne.

Kakapo sagte: „Laß uns einen Wettkampf austragen. Wer sich so verstecken kann, daß der andere ihn nicht findet, hat gewonnen. Albatros, du versteckst dich hier auf diesem kargen Stück Flachland. Da sind keine Bäume, keine Sträucher und keine Büsche. Du versteckst dich vor mir, und ich werde dich finden."

Toroa lachte ihm ins Gesicht und sagte: „Ha! *Ich* bin der bessere. Ich werde mich vor dir verstecken – und du wirst mich niemals finden."

Toroa entdeckte das seiner Ansicht nach perfekte Versteck, scharrte ein Loch in die Erde, schlug seine Flügel unter und presste sich so dicht wie möglich an den Boden. Er lag da wie ein Stein.

Nun blies an diesem Tag ein starker Wind, und obwohl Toroa ganz still dalag, bewegten sich doch seine weißen Federn, und es dauerte nicht lange, bis Kakapo sie sichtete. Er stieß nieder und sagte zu Toroa: „Ich *habe* dich gefunden!"

Toroa war schwer enttäuscht, daß Kakapo ihn so schnell gefunden hatte, und er bat den Bodenpapagei um eine zweite Chance.

Kakapo, der ein fairer Vogel war, willigte ein.

Und wieder versteckte sich Toroa so gut er konnte, und wieder verriet ihn sein weißes Gefieder.

Dann sagte Kakapo: „Jetzt bin ich an der Reihe."

Er trippelte solange herum, bis er eine natürliche Bodenwelle fand. Das Glück war ihm hold, und gleich in der Nähe wuchs viel Farn, mit dem er sich zudeckte.

Als Toroa nun herumflog, um Kakapo zu finden, konnte er den Papagei nirgends entdecken. Der Farn war eine hervorragende Tarnung.

„Komm heraus! Komm heraus!" rief Toroa schließlich. „Ich kann dich nicht finden."

Kakapo, der Toroa bei seiner Suche stets im Auge behalten hatte, rief:
„Ich gebe dir noch eine zweite Chance."

Aber auch diesmal konnte der Albatros den Bodenpapagei nicht entdecken. Der gut getarnte Kakapo hatte Toroa geschlagen.

Kakapos Schlauheit hatte ihn den Wettkampf gewinnen lassen, und nun durfte er den Titel „Führer aller Vögel" für sich beanspruchen. Toroa der Albatros aber, so wurde verfügt, war nicht für ein Leben auf dem Festland geeignet.

So verurteilte man den Albatros dazu, seine Runden über der einsamen See der Meeresgöttin Hinemoana zu drehen. Kakapo, dem Bodenpapagei, aber kann man dabei zusehen, wie er vergnügt seinen Lebensunterhalt zwischen dem Flachs zusammenpickt, der am Flußufer wächst.

Kakariki und Kaka

Kakariki war eigentlich nur ein kleiner Papagei mit grünem Gefieder, aber wenn er seine Flügel zum Fliegen spreizte, dann blitzte unter dem Grün ein prachtvolles Rot hervor.

Eines Tages trafen sich Kakariki und Kaka, ein großer, starker Papagei, der braune Federn hatte, im Wald. Kaka hatte sein langweiliges Federkleid satt und beneidete Kakariki um seine roten Federn. Und er faßte den Entschluß, sein Aussehen zu verbessern. Er wußte, daß Kakariki ihn gut leiden konnte, und so hielt er es für einfach, den Vogel zu bewegen, ihm ein paar rote Federn zu leihen.

„Kakariki", sagte er, „siehst du deine schönen Federn, deine wunderschönen roten Federn? Warum leihst du sie mir nicht ein Weilchen? Ich würde gerne einmal so schön sein wie du, und ich werde sie nicht lange behalten."

Kakariki, der von Natur aus vertrauensselig und großzügig war, dachte für sich: „Ja, ich kann sie mit Kaka teilen. Warum sollte ich es auch nicht tun?"

Also zupfte er sich alle seine roten Federn aus und gab sie Kaka zum Anprobieren. Aber sobald Kaka die Federn sicher in seinen Klauen hatte, flog er damit tief ins Waldesinnere.

Kakariki eilte ihm nach, rief und suchte ihn. Aber Kaka war schon weit weg und hüpfte, stolz auf sein neues Federkleid, durch die Bäume.

So kommt es, daß heute Kaka jene wunderschönen roten Federn besitzt, die in der Sonne blitzen wenn er fliegt, und daß Kakariki nur ein trauriger, schlichter grüner Papagei ist.

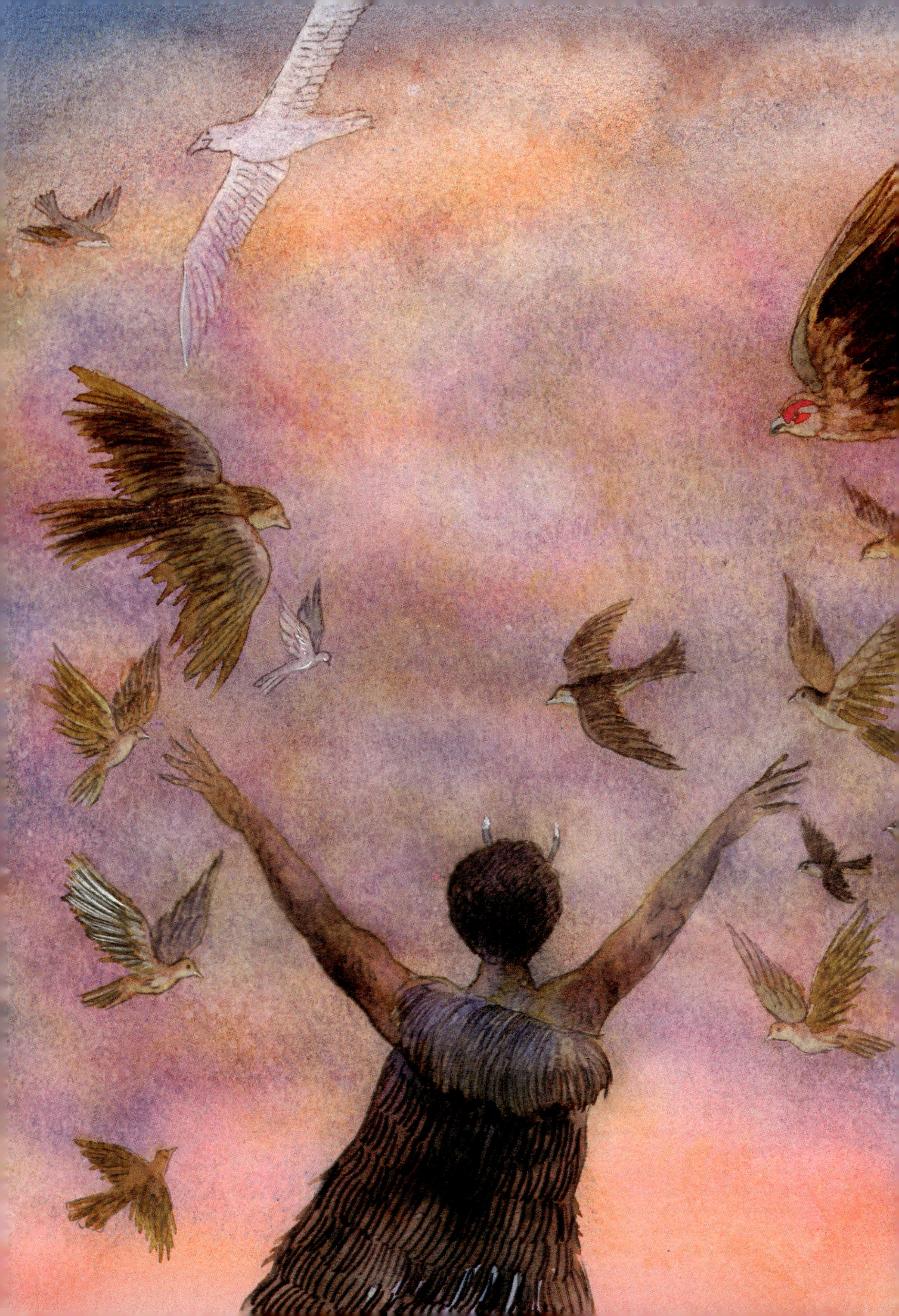

Maui und die Vögel

Als Maui im Haus von Tama, dem Meeresgott, aufwuchs, entwickelte er eine besondere Beziehung zu den Vögeln. Binnen kürzester Zeit kannte alle ihre Namen und Gewohnheiten, und sie schienen seine Worte zu verstehen, wenn er zu ihnen sprach.

Dann, als er zu seiner eigenen Familie zurückkehrte, setzte er Vögel bei seinen Zaubertricks ein. Einmal verzauberte er sich selbst in eine Taube, wobei er die leuchtenden bunten Federn der Schürze seiner Mutter für das irisierend schimmernde Gefieder benutzte.

Ein andermal war er auf der Flucht vor seiner zornigen Großmutter Mahika und versuchte zu entkommen, indem er sich in einen Falken verwandelte. Später bekam er dann eine Pfautaube seiner Großmutter zu fassen, und er drückte sie solange, bis die Augen des kleines Vogels herausquollen und sich die Schwanzfedern so aufstellten, wie sie es noch heute tun. Die Pfautaube aber übte letztendlich blutige Rache, denn als Maui sich in Begleitung eines großen Vogelschwarms auf seine verhängnisvolle letzte Reise machte, war es ihr lautes Gelächter, das die Große Dame der Nacht weckte und so für Mauis Tod verantwortlich war.

Eines Tages, lange vor dem Vergeltungsschlag der Pfautaube, arbeitete Maui in der prallen Sonne und bekam großen Durst. Er rief der Mantelmöve zu: „Bring mir Wasser. Ich habe solchen Durst, mir ist so heiß! Bitte bring mir Wasser."

Die Mantelmöve weigerte sich, und so warf Maui sie ins Wasser.

Dann rief er den Stechvogel, aber auch der wollte nicht gehorchen. Also warf Maui, der inzwischen ernsthaft böse geworden war, ihn ins Feuer, so daß seine Federn versengten.

Das drittemal fragte er das sanfte Rotkehlchen, das schon immer Mauis Freund gewesen war.

„Ich werde dir Wasser bringen." versprach das Rotkehlchen. "Es wird nicht viel sein – nur ein paar Tropfen, aber vielleicht reicht das."

Maui dankte ihm und sagte: „Ja, du bist ein wirklicher Freund."

Und als Zeichen seiner Dankbarkeit färbte Maui die Stirnfedern des Rotkehlchens schneeweiß.

Das Rotkehlchen hatte nur wenig Wasser bringen können, und Maui war noch immer durstig. Also rief er dem Kormoran zu: „Bitte bring mir Wasser. Ich habe solchen Durst."

Der Kormoran füllte Wasser in seine Ohren und brachte es Maui. Und Maui bedankte sich bei ihm, indem er seine Beine so verlängerte, daß er damit im Wasser umherpaddeln und so leichter an sein Futter kommen konnte.

Glossar

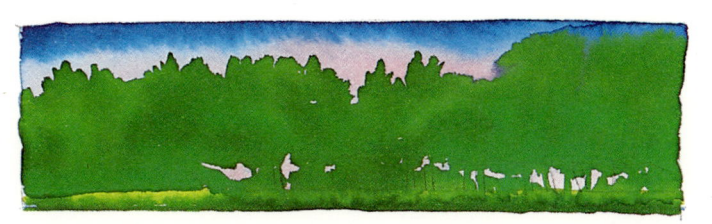

Kiwi	flugunfähiger Laufvogel
Kokako	Krähe mit blauem Kehllappen
Moko	Gesichtstätowierung (bei Männern das ganze Gesicht bedeckend, bei Frauen Lippen und Kinn)
Ngerengere	Leprakranker
Patupaiarehe	Kobold, feenhaftes Wesen
Puhi	Jungfrau
Taniwha	Geist, Fabelwesen, Monster
Tiwaiwaka	Pfautaube
Tohunga	Priester
Wairua	Geist

Ngaio	
Pukatea	
Rata	neuseeländische Baumarten
Rimu	
Tawa	
Totara	